# Bestimmungsbuch Archäologie 2

Herausgegeben von
Landesstelle für die nichtstaatlichen Museen in Bayern,
LVR-LandesMuseum Bonn,
Archäologisches Museum Hamburg,
Landesamt für Archäologie Sachsen



DKV

# Äxte und Beile

## erkennen · bestimmen · beschreiben

von
Ulrike Weller

DEUTSCHER KUNSTVERLAG

# Bestimmungsbuch Archäologie 2

Herausgegeben von
Landesstelle für die nichtstaatlichen Museen in Bayern,
LVR-LandesMuseum Bonn,
Archäologisches Museum Hamburg,
Landesamt für Archäologie Sachsen

Redaktion:
Ulrike Weller, Wolfgang Stäbler

Bildrecherchen:
Christof Flügel, Ricarda Schmidt

Abbildung auf dem Umschlag:
Absatzbeil mit Hängebogenzier (4.2.8.1.),
Niedersächsisches Landesmuseum Hannover, Inv.-Nr. 15:50

Bibliografische Information der Deutschen Bibliothek
Die Deutsche Bibliothek verzeichnet diese Publikation in der Deutschen Nationalbibliografie;
detaillierte bibliografische Daten sind im Internet über <http://dnb.d-nb.de> abrufbar.

Projektleitung im Verlag: Rudolf Winterstein

Umschlaggestaltung: Edgar Endl, Deutscher Kunstverlag
Satz, Layout und Repro: Deutscher Kunstverlag

Druck und Bindung: DZA Druckerei zu Altenburg GmbH, Altenburg

Schrift: Myriad Pro


ISBN 978-3-422-07243-5

# Inhalt

**Anhang**

# Vorwort der Herausgeber zur 1. Auflage

Ermutigt durch den großen Erfolg des Pilotbandes »Fibeln« der neuen Serie »Bestimmungsbuch Archäologie« legt die Arbeitsgemeinschaft Archäologiethesaurus hier den Folgeband »Äxte und Beile« vor. Wie die Fibeln besitzen diese Objektgruppen besonders für die Vor- und Frühgeschichte eine Leitfunktion im Hinblick auf die chronologische Einordnung und die Bestimmung regionaler Kulturgruppen. Umso wichtiger ist die korrekte Ansprache der Formen. Wie schon beim Fibelband soll die Vorlage der »Äxte und Beile« aber nicht völlig das Studium von Fachpublikationen ersetzen. Vielmehr steht auch hier der Gedanke im Vordergrund, neben den Experten auch denjenigen Kollegen, die nicht aus dem archäologischen Bereich kommen, insbesondere bei der Inventarisierung als musealer Kernaufgabe ein zuverlässiges Arbeitsinstrument an die Hand zu geben.

Die positiven Erfahrungen mit dem Fibelband haben den Ansatz bestätigt, dass hier nicht nur Museumsmitarbeiter, sondern auch andere Zielgruppen wie Studenten, Ausgrabungsmitarbeiter und ehrenamtliche Denkmalpfleger angesprochen werden. Gleichzeitig ist der nun vorliegende zweite Band des »Bestimmungsbuchs Archäologie« sichtbarer Ausdruck einer länderübergreifenden Kooperation archäologischer Institutionen, die nicht nur die großen Häuser, sondern auch kleine kommunale Museen umfasst. Schließlich kann es auch einer breiteren interessierten Öffentlichkeit als Anregung und Vertiefung der Grundkenntnisse dienen.

Wir danken der Autorin Frau Dr. Ulrike Weller vom Niedersächsischen Landesmuseum Hannover für die hervorragende Arbeit bei der benutzerfreundlichen Erschließung der komplexen Materialgruppe. An der Landesstelle für die nichtstaatlichen Museen in Bayern war das Team um Herrn Dr. Wolfgang Stäbler mit der Redaktion betraut, die in gewohnt professioneller Weise vom Deutschen Kunstverlag, München, durch Herrn Rudolf Winterstein umgesetzt wurde. Dem vorliegenden Buch wünschen wir den verdienten Erfolg und der gesamten Reihe weiterhin gute Resonanz.

Im November 2013

Dr. Michael Henker
Landeskonservator
Leiter der Landesstelle
für die nichtstaatlichen Museen in Bayern

Dr. Regina Smolnik
Landesarchäologin, Landesamt für
Archäologie Sachsen, Dresden

Prof. Dr. Rainer-Maria Weiss
Direktor
Archäologisches Museum Hamburg

Dr. Gabriele Uelsberg
Leiterin
LVR-LandesMuseum Bonn

# Vorwort zur 2. Auflage

Die Reihe »Bestimmungsbuch Archäologie« hat sich seit dem 2012 erschienenen Pilotband zur Objektgruppe der »Fibeln« (2., erweiterte Auflage 2016) erfreulich schnell als Standard-Hilfsmittel für die Inventarisierung archäologischer Objekte im deutschsprachigen Raum etabliert. Schön, dass die enge Zusammenarbeit namhafter Institutionen aus mehreren Bundesländern solche Früchte trägt!

Auch der 2014 erschienene zweite Band »Äxte und Beile« fand eine überraschend große Resonanz, welche die vorliegende zweite Auflage erforderlich machte. Die Herausgeber würden sich freuen, wenn auch sie die entsprechende Aufnahme finden würde! Die große Nachfrage gibt aber auch den Anstoß, die Reihe weiterzuführen: Inzwischen ist mit »Schwerter und Dolche« bereits der sechste Band in Vorbereitung.

Dass die Arbeit in dieser länderübergreifenden Arbeitsgemeinschaft neben den täglichen Dienstaufgaben in den einzelnen Institutionen erfolgen muss, möchte ich an dieser Stelle besonders hervorheben. Im Namen aller Herausgeber bedanke ich mich daher nicht nur beim Deutschen Kunstverlag für die gewohnt gute Zusammenarbeit, sondern vor allem auch bei allen Mitgliedern der AG Archäologiethesaurus für ihr großes Engagement.

Dr. Astrid Pellengahr
Leiterin der Landesstelle für die nichtstaatlichen Museen in Bayern

# Einführung

## Ein einheitlicher Archäologischer Objektbezeichnungsthesaurus für den deutschsprachigen Raum

Für eine digitale Erfassung archäologischer Sammlungsbestände ist ein kontrolliertes Vokabular unerlässlich. Nur so kann eine einheitliche Ansprache der Objekte garantiert und damit ihre langfristige Auffindbarkeit gewährleistet werden. Auch für ihre Einbindung in überregionale, nationale und internationale Kulturportale (Deutsche Digitale Bibliothek, Europeana) ist die Verwendung eines kontrollierten Vokabulars zwingend erforderlich. Während jedoch im kunst- und kulturhistorischen Bereich bereits zahlreiche überregional anerkannte Thesauri vorliegen, fehlt etwas Vergleichbares für das Fachgebiet der Archäologie bisher weitgehend.

Die Schwierigkeiten einer einheitlichen Verwendung archäologischer Objektbezeichnungen zeigen sich schnell: Viele Begriffe sind in einen engen regionalen oder chronologischen Kontext eingebettet, an bestimmte Forschungsrichtungen oder Schulen gebunden oder verändern durch neue Forschungsarbeiten ihren Inhalt. Hinzu kommt die über Jahrzehnte gewachsene archäologische Fachterminologie, die zu vielfältigen und oft umständlichen, aus zahlreichen Präkombinationen bestehenden Bezeichnungen geführt hat.

Die 2008 gegründete AG ARCHÄOLOGIE-THESAURUS, in der zurzeit Archäologen aus ganz Deutschland und der Schweiz zusammenarbeiten, hat sich trotz dieser offenkundigen Hindernisse zum Ziel gesetzt, ein vereinheitlichtes, überregional verwendbares Vokabular aus klar definierten Begriffen zu entwickeln, das die – nicht nur digitale – Inventarisierung der umfangreichen Bestände in den archäologischen Landesmuseen und Landesämtern ebenso wie der kleineren archäologischen Sammlungen in den vielfältigen regionalen Museen erleichtern soll. Dieser archäologische Objektbezeichnungsthesaurus soll sowohl von Laien als auch von Wissenschaftlern benutzt werden können. Dies setzt voraus, dass die zu erarbeitende Terminologie, ausgehend von sehr allgemein gehaltenen Begriffen, eine gewisse typologische Tiefe erreicht, wobei jedoch nur solche Typen in dem Vokabular abgebildet werden, die bereits eine langjährige generelle Anerkennung in der Fachwelt erfahren haben. Die gewachsenen und vertrauten Bezeichnungen bleiben dabei selbstverständlich erhalten. Das in der AG erarbeitete Vokabular erhebt keinen Anspruch auf Vollständigkeit; Ziel ist es aber, eine Struktur zu schaffen, die jederzeit ergänzt und erweitert werden kann, ohne grundsätzlich verändert werden zu müssen.

Als Ausgangspunkt für dieses Vokabular dienten die bereits verwendeten Wortlisten verschiedener Institutionen, die der AG zu Beginn ihrer Arbeit zur Verfügung gestellt wurden. Hierfür geht ein Dank an: Archäologie Baselland, Bibliotheksservice-Zentrum BadenWürttemberg | MusIS-Verbund, Archäologisches Museum Hamburg, Niedersächsisches Landesmuseum Hannover, Landesmuseum Württemberg, Landesstelle für die nichtstaatlichen Museen in Bayern, Saarländischer Museumsverband sowie Thüringisches Landesamt für Denkmalpflege und Archäologie.

Am Ende der Arbeit soll ein Vokabular stehen, das zum einen die Erfassung archäologischer Bestände mit unterschiedlichen Erschließungstiefen ermöglicht, zum anderen aber auch vielfältige Suchmöglichkeiten sowohl für interessierte Laien als auch für Wissenschaftler anbietet. Jedem Begriff sollen dabei eine Definition, ein Quellennachweis und eine typische Abbildung (Zeichnung oder Foto) hinterlegt werden. Für eine nachvollziehbare Einordnung eines jeden Objekttyps sind zudem Hinweise zur Datierung und Verbreitung vorgesehen.

Die Bereitstellung des Thesaurus ist langfristig online auf der Website von www.museumsvoka bular.de geplant und soll über Standard-Austauschformate in alle gängigen Datenbanken einspielbar sein. Vorab werden schrittweise einzelne Objektgruppen in gedruckter Form als »Bestimmungsbuch Archäologie« erscheinen; nach den Fibeln umfasst der zweite Band dieser neuen Reihe nun die Äxte und Beile. Weitere Bände (u.a. Nadeln, Toilettegerät, Schwerter) sind in Vorbereitung.

Kathrin Mertens

In der AG ARCHÄOLOGIETHESAURUS sind derzeit folgende Institutionen regelmäßig vertreten:

Bonn, LVR-LandesMuseum
(Hoyer von Prittwitz)
Dresden, Landesamt für Archäologie Sachsen
(Ronald Heynowski)
Hamburg, Archäologisches Museum Hamburg
(Kathrin Mertens)
Hannover, Niedersächsisches Landesmuseum
(Ulrike Weller)
Kiel, Christian-Albrechts-Universität
(Christoph Rinne)
Kiel, digiCULT-Verbund eG
(Frauke Rehder)
München, Landesstelle für die nichtstaatlichen Museen in Bayern
(Christof Flügel)
Zürich, Universität Zürich
(Eckhard Deschler-Erb)

# Äxte und Beile

## Begriffsdefinition

Äxte und Beile bestehen in der Regel aus einer Klinge und einem Holm, in bzw. an dem diese befestigt war. Der Schaft hat sich, da er meist aus Holz war, nur in den günstigsten Fällen erhalten. Im Folgenden werden daher die Begriffe Axt und Axtklinge bzw. Beil und Beilklinge synonym verwendet, um sowohl die Klingen als auch die sehr seltenen, vollständig aus Griff und Klinge bestehenden Werkzeuge eingruppieren zu können.

Die Ansprache der Artefakte in diesem Bestimmungsbuch folgt der gängigen Definition, wonach nur die durchbohrten Geräte als Äxte bezeichnet werden, die undurchbohrten dagegen als Beile. Die alternative Definition, bei der Äxte beidhändig geführt werden, während Beile einhändig zu führen sind, wird nicht berücksichtigt. Ein Rückschluss auf die ehemalige Handhabung, wie dies Funde der Seeufersiedlungen in Süddeutschland und der Schweiz, wo sich Beile und Äxte mit Holm erhalten haben, ermöglichen, ist bei einer einzeln gefundenen Klinge in der Regel ausgeschlossen. Zudem können Klingen des gleichen Typs mit unterschiedlich langer Schäftung für unterschiedliche Arbeiten genutzt worden sein, wie der Teppich von Bayeux aus dem 11. Jahrhundert zeigt (Steuer 1973, 554).

## Verwendung

Beile und Äxte werden als spanabhebende Werkzeuge gemeinhin mit Holz be- und verarbeitenden Aktivitäten in Verbindung gebracht. Dies ist seit dem Neolithikum vor allem die Rodung von Land sowie der Haus- und Brunnenbau (zur ausgefeilten Holzbearbeitungstechnik im Neolithikum siehe z.B. Koschik 1998). Dabei werden z.T. spezielle Werkzeugformen für die verschiedenen Arbeiten eingesetzt. Dies ergibt sich einerseits aus der Formgebung (siehe z.B. Thålin-Bergman 1983, 200), andererseits lässt es sich an den Bearbeitungsspuren an Holzgegenständen erkennen (dazu beispielsweise Elburg/Hein 2011, 21, Abb. 3). Auch zeitgenössische Bildquellen geben Auskunft über die Verwendung der Werkzeugformen. Aus der Römischen Kaiserzeit liegen Abbildungen vor, aus denen hervorgeht, für welche Arbeiten welcher Axt- oder Beiltyp genutzt wurde, z.B. die Dolabra für Schanzarbeiten (Pietsch 1983, 8–9; 25–27). Als mittelalterliche Bildquelle dient beispielsweise der schon erwähnte Teppich von Bayeux, auf dem Breitäxte als Angriffswaffen zu erkennen sind (Heindel 1992, 34, Abb. 17) und verschiedene Axttypen als Werkzeuge beim Schiffsbau dienen (Heindel 1992, 38, Abb. 19).

Die so genannten Schaftrillenbeile sind als Geräte für den Erzabbau und die Metallverarbeitung belegt (Frehse 2008, 58). Pietsch (1983, 8) und Pohanka (1986, 231) verweisen auf römische Schriftsteller, die die Axt als Werkzeug des Bergmannes nennen.

Beile und Äxte wurden auch als Waffen benutzt, lange bevor spezialisierte Artefakte wie die Franzisken (Wurfäxte) aufkamen. Ein prägnantes Beispiel für einen solchen Waffengebrauch im Neolithikum ist das linearbandkeramische Massengrab von Talheim. Hier wurden mehrere Personen begraben, die eindeutig mit bandkeramischen Dechseln erschlagen worden waren (Wahl/König 1987, 170–186, Abb. 47–51). Auch die Felsritzungen Skandinaviens zeigen unterschiedliche bronzezeitliche Axt- und Beiltypen, die im Kampf benutzt wurden (Brønsted 1962, Abb. auf S. 138 unten und auf S. 139 rechts; Jankuhn 1973b, 563).

Daneben ist die Nutzung bei der Opferung von Tieren und bei Hinrichtungen belegt (Pietsch 1983, 8–9; Pohanka 1986, 231). In wie vielfältiger Weise ein Werkzeugtyp genutzt werden kann, beschreibt Pietsch (1983, 15) sehr anschaulich am Beispiel der Dolabrae.

Ferner existieren Axt- und Beilformen, die weder als Waffe noch als Werkzeug zu gebrauchen waren. Beispiele hierfür sind Äxte, deren Bohrloch für einen funktionalen Stiel unterdimensioniert ist, sowie Artefakte, deren Stabilität einem Einsatz als Gerät nicht gewachsen wäre (Billig 1957, 285–292, Abb. 2–4; Maraszek 2001, 160). Dies trifft etwa für die großen Prunkäxte der nordischen Bronzezeit zu, bei denen eine dünne Bronzeschicht über einen Tonkern gegossen wurde und die z.T. mit Goldauflagen und Bernsteineinlagen verziert wurden (Brønsted 1962, 95, Tafel neben Seite 54, obere Axt; Drescher 1973, 559; Jankuhn 1973b, 563, Taf. 48c). Diese Objekte sind wohl als Statussymbole anzusehen. Bei anderen Stücken ist es nicht möglich, eine Grenze zwischen Waffe und Statussymbol zu ziehen (Kempke 1991, 18).

Ebenso darf eine Nutzung als Kultobjekte nicht außer Acht gelassen werden. Darauf lassen besonders die vielen Hortfunde mit Beilen schließen (z.B. Kurz 1995; Wegner 1996, 207, Abb. 110; Fischer/Hartz 1998/99, 5), ebenso wie indirekt die merowingischen Amulette in Axtform (Koch 1970, Abb. 2,4), die aus dem obergermanischen (helvetischen) Raum stammenden »Votivbeilchen« (Forrer 1948) oder die Miniaturobjekte aus den spätrömischen Gräbern bei Köln (Haberey 1949, Abb. 2,12.18). Letztere stammen aus Gräbern von Erwachsenen, sind also kein Spielzeug. Dieses ist eher in den kleinformatigen Äxten und Franzisken aus Blei zu sehen, die Bergen (2005) für die Merowingerzeit zusammengestellt hat. Sicher belegt sind spezielle, kleine »Kinderäxte« aus Metall in Gräbern von Jungen seit der späten Römischen Kaiserzeit (Ottinger 1974). Möglicherweise ist auch älteren Miniaturen, z.B. in Form kleiner Steinäxte, ein Spielzeugcharakter zuzuweisen.

Schlussendlich diskutiert Lenerz-de Wilde (1995) für die Kupfer- und Bronzezeit auch die Möglichkeit, des Beil-»Geldes« (ähnlich auch Spennemann 1985, 138).

## Herstellung

Äxte und Beile wurden aus Geweih, Silex (Flint), Stein, Buntmetall und Eisen, in seltenen Fällen auch aus Edelmetall (z.B. Jahn 1950, Taf. X,1) hergestellt.

Unterschiedliche Materialien erforderten jeweils andere Bearbeitungsweisen des Rohmaterials. So sind bei den Geweihstangen für Äxte und Beile in der Regel überflüssige Stücke durch Schlag entfernt worden. Durch schrägen Anschnitt eines Stangenendes konnte man eine spitzwinklige harte Kante erhalten, die auf einer Sandsteinplatte zur Schneide geschliffen werden konnte. Durchbohrt wurden die Geweihstangen meist am Ansatz von Geweihsprossen. Dass mit Flintbohrern von beiden Seiten zur Mitte hin gebohrt wurde, belegt eine Axt aus der neolithischen Siedlung von Hüde I (Niedersachsen). Hier treffen die beiden Bohrlöcher versetzt aufeinander, der abgebrochene Bohrer steckt noch im Bohrloch (Deichmüller 1974). Neben wenigen Äxten aus Elchgeweih treten hauptsächlich Stücke aus Hirschgeweih auf. Dabei wurden unterschiedliche Teile des Geweihs verwendet, die dann auch gelegentlich für die Namensgebung der Äxte Pate standen (Abb. 1).

Die Silexrohmaterialien wurden mittels Schlag und Druck in Form gebracht, auch hier erfolgte der Schliff auf Schleifsteinen aus Sandstein. Andere Gesteine wurden entweder zunächst durch Schlag oder Sägen (bzw. Durchschleifen mit flachen Sandsteinplatten und Sand als Schleifmittel) zerlegt (Raetzel-Fabian 1988, 38–39, Abb. 54–55; Hahn 1993, 283; Weiner 1996, 126–133, Abb. 5; Lessig 2003; Ramminger 2007, 91–94) oder man wählte gleich geeignete, der gewünschten Form angenäherte Stücke aus, die sich z.B. in den Schottern von Flüssen finden ließen. Das Rohstück konnte dann durch Picken (Wegnahme geringer Materialmengen mittels eines anderen Steines) weiter in Form gebracht werden (Schlichterle/Wahlster 1986, 74; Weiner 1996, 120–122). Die Rohlinge wurden wiederum auf Sandsteinplatten geschliffen (Raetzel-Fabian 1988, 38–39, Abb. 56; Weiner 1996, 122–125). Während Silex nicht durchbohrt werden kann, ist die Durchlochung bei anderen Gesteinen in der Regel möglich (zur mesolithischen Picktechnik mit sanduhrförmigen Löchern siehe Raetzel-Fabian 1988, 39; zur Bohrtechnik siehe Weiner 1996, 133–137). Bisher wurden allerdings keine Bohrvorrichtungen gefunden und man ist auf Analogien aus der Völkerkunde angewiesen (siehe hierzu auch Walter 2010). Am Objekt selber ist meist noch zu erkennen, ob eine Vollbohrung oder eine Hohlbohrung vorliegt. So weisen mit einem massiven Bohrstab durchlochte Objekte (Vollbohrung) ein im Schnitt sanduhrförmiges Bohrloch auf, da die Bohrung von beiden Seiten des Werkstücks zur Mitte vorangetrieben wurde. Durch die Abnutzung des Bohrstabes wird das Bohrloch in der Mitte enger (Vosgerau 1983/84, 187, Abb. 1b–c). Werden Objekte mit einem hohlen Bohrstab durchlocht (Hohlbohrung), zeigt sich während des Bohrvorganges eine ringförmige Vertiefung, in deren Mitte der Bohrkern erhalten bleibt. Durch das beigefügte Schleifmittel Sand nutzt sich die Bohrerwandung ab, der Bohrer verjüngt sich, die Bohrung ist im Schnitt konisch. Als Bohrstab eignen sich Holunderzweige mit ihrem dicken Markkanal. Besonders interessant sind in diesem Zusammenhang Äxte, bei denen die Bohrung misslang, sei es, dass das Bohrloch schief wurde oder der Bohrkern am Ende nicht richtig entfernt werden konnte (Vosgerau 1983/84, 187–189, Abb. 1d–e; Lessig 1999).

Gelegentlich finden sich auf Siedlungsstellen auch noch Bohrkerne der Axtherstellung. Aus der Altheimer Siedlung von Pestenacker in Bayern ist ein Holunderstück bekannt, dessen Abnutzungsspuren auf den Gebrauch als Bohrstab hindeuten (Weller 2003, 85).

Bronzene Äxte und Beile erforderten eine gänzlich andere Herstellungsweise (zu den nachfolgenden Ausführungen über die Herstellung von bronzenen und eisernen Beilen und Äxten siehe Drescher 1973, 559–562). Flachbeile konnten in offenen einteiligen oder in zweiteiligen geschlossenen Formen aus Lehm gegossen werden, die frühen Bronzeäxte erforderten zwei- oder mehrteilige geschlossene Formen, für deren Herstellung Lehm oder Stein verwendet wurde. Ein Sonderfall sind die großen Prunkäxte der nordischen Bronzezeit, die über einen Tonkern gegossen wurden. Erst in der mittleren Bronzezeit traten vermehrt wiederverwendbare Gussformen aus Stein oder Metall auf, die einen Serienguss ermöglichten. Durch Metall- oder Tonkerne war es möglich, die Tüllen der Beile beim Guss auszusparen. Nach diesem wurden die Beile überarbeitet, z.B. wurden meist die Gussnähte entfernt. Das Härten der Schneiden erfolgte durch Hämmern, abschließend wurden sie auf einem Schleifstein geschärft. Verzierungen konnten entweder schon in die Gussform eingearbeitet und somit mitgegossen oder nach dem Guss eingepunzt werden.

Die eisernen Tüllenbeile wurden aus einem plattenförmigen rechteckigen Stück geschmiedet, das u- oder hakenförmig gebogen und dann im Feuer verschweißt wurde (Drescher 1973, 560, Abb. 120). Die Schneide wurde durch Erhitzen und Abschrecken im Wasser gehärtet. Eine erneute Erwärmung (Anlassen) diente der Verminderung der inneren Spannungen und erhöhte die Zähigkeit des Stahls. Es liegen jedoch ab der Römischen Kaiserzeit auch Beispiele dafür vor, dass Schneiden an den Werkzeugkörper schmiedetechnisch angefügt wurden (Pietsch 1983, 10).

## Schäftung

Je nach Material und Form des Gerätes wurden unterschiedliche Arten der Schäftung genutzt. So haben die jungpaläolithischen Lyngbybeile aus Rentiergeweih keine gesonderte Schäftung, vielmehr wurden die Geweihstangen so bearbeitet, dass ein Teil von ihnen als Handhabe diente (Jankuhn 1973a, 537). Meist sind Schäfte aber extra gearbeitete Stücke aus Holz. Die Schäftung der mesolithischen Kernbeile ist durch Funde aus Dänemark und Schleswig-Holstein belegt. In durchlochte, mit einem Stiel versehene Holz- oder Geweihfassungen wurden die Beilklingen eingesetzt. In Hohen Viecheln (Mecklenburg-Vorpommern) hat sich eine solche Fassung einschließlich Beilklinge erhalten. Während dies für die Querschäftung der Kernbeile spricht, zeigen die Gebrauchsspuren an, dass sie z.T. auch längs geschäftet gewesen sein müssen. Als Beleg dafür kann aber nur eine Beilklinge angeführt werden, die direkt in einem Hirschgeweih längs geschäftet war (Gramsch 1973, 24, Abb. 10). Die Art der Schäftung der Scheibenbeile gibt noch Rätsel auf. Auch die schon im Mesolithikum einsetzenden Walzenbeile wurden quer geschäftet, wie ein Stück aus Berlin-Moabit belegt, wo die Klinge in einem durchlochten Holzzwischenfutter steckte (Gramsch 1973, 30; 32, Abb. 14). Für Geweihäxte sind Schäftungen aus einfachen Weiden- und Erlenruten, die z.T. noch in den Schaftlöchern steckten, vom neolithischen Fundplatz Hüde I (Niedersachsen) belegt (Deichmüller 1974, 198).

Die bandkeramischen Bauern nutzten Steinbeile, deren Unterseite flach, deren Oberseite gewölbt ist, was für eine Verwendung als Dechsel (mit quer zur Schäftung verlaufender Schneide) spricht. Aus bandkeramischen Brunnen konnten mittlerweile einige Schäfte für solche Dechseln geborgen werden (Elburg 2008, 10–14, Anm. 2, Abb. 4). Allerdings gab der stumpfe Schäftungswinkel zunächst noch Rätsel auf, da Versuche gezeigt hatten, dass ein Arbeiten mit diesen Stücken nicht einfach ist (Hein u.a. 2012). Neuere Experimente, die demnächst in der Zeitschrift »Experimentelle Archäologie in Europa« veröffentlicht werden sollen, scheinen jetzt aber Licht ins Dunkel zu bringen. Zumindest konnte mit diesen Stücken nun sicher belegt werden, dass die Dechseln in so genannten Knieholmen geschäftet waren, wie es in der Forschung schon lange, auch aufgrund ethnologischer Parallelen, vermutet worden war (Sangmeister 1983, 439, Abb. 255; Raetzel-Fabian 1988, 33, Abb. 39b–40; Weiner 1990, 263). Knieholme wurden aus Teilen von Astgabeln gearbeitet, wobei der längere dünne Astabschnitt als Griff diente und das Schäftungsende, auf das die Klinge aufgebunden werden sollte, aus dem kürzeren dicken Stammabschnitt bestand. Schäftungsspuren, meist in Form von Farbveränderungen am Stein, zeigen an, dass sich z.B. bei den flachen Dechseln das vordere Drittel außerhalb der Schäftung befand (zusammenfassend Weller 2003, 79–80). Eine mögliche Art der Bindung verdeutlicht eine spätneolithische, cortaillodzeitliche Dechselklinge aus Knochen vom Fundplatz Lüscherz (Schweiz), die mit Pflanzenfasern auf einem Knieholm aufgebunden gefunden wurde (Müller-Beck 1965, 31; 36, Abb. 48).

Im Norden Deutschlands sind Schäftungen für neolithische Beile sehr selten, einige Vergleichsstücke gibt es in Südskandinavien. In der Regel handelt es sich um Stangenholme, in denen die Flintbeile direkt parallel geschäftet waren. Im Gegensatz dazu waren die älteren ungeschliffenen Beile in Zwischenfuttern aus Geweih, in Wurzelfassungen oder an Knieholmen geschäftet (Fischer/Hartz 1998/99, 6–26, Abb. 11–13; 15–16). Dass letztere nicht nur für Querschäftungen geeignet sind, zeigt ein Beispiel vom neolithischen Fundplatz Hunte 1 (Niedersachsen), wo ein Knieholmfragment gefunden wurde, in dem ein dicknackiges Flintbeil zwischen zwei herausgeschnittten Schäftungsenden parallel geschäftet werden konnte (Fischer/Hartz 1998/99, 25).

Eine größere Anzahl Beilholme stammt aus Feuchtbodensiedlungen. Hier zeigt sich eine Vielfalt von Schäftungsmöglichkeiten, die auch für Siedlungen auf Mineralböden angenommen werden muss. Direkte Schäftungen sind außer in Knieholmen auch in Stangen- oder Flügelholmen aus Stamm-Wurzelansatzstücken möglich (Müller-Beck 1965, Abb. 9–20; 43; 48; Wyss 1983b, 89–101, Abb. 67–80; Schlichterle/Wahlster 1986, 74–75, Abb. 129 a–c mit Herstellungsschema der Holme; Abb. 130–134 mit unterschiedlichen Holmtypen). Daneben gab es eine indirekte Schäftungsmöglichkeit mittels Zwischenfutter (Müller-Beck 1965, Abb. 7; 21–24; 57; Wyss 1983a, 144; 164, Fnr. 1207, Abb. 32,2a–b). Diese wurden aus Hirschgeweih hergestellt und dienten auch als Puffer, um die Schlagenergie auf eine größere Fläche zu verteilen und den Holm nicht zu spalten (detaillierte Ausführungen zu Zwischenfuttern siehe Billamboz/Schlichterle 1999). Die Zwischenfutter wurden vom Jung- zum Endneolithikum nochmals optimiert, indem nicht mehr eine gegenüber der Klinge befindliche Tülle auf den Knieholm aufgesetzt wurde, sondern aus dem Geweih selbst ein rechteckiger Zapfen ausgearbeitet wurde, der fest in den Holzschaft eingefügt werden konnte und sich nicht drehte (Schlichterle/Wahlster 1986, 80–81, Abb. 149 und 150 oben links).

Auch die bronzenen Beile wurden meist auf Knieholme mit gegabeltem oder zapfenartigem Schäftungsteil aufgebunden (Brønsted 1962, 20; 52, Abb. auf S. 53, a; Jankuhn 1973a, 542–543, Abb. 99; Spennemann 1985, 130; Billamboz/Schlichterle 1999, 63).

Eiserne Äxte hatten in der Regel einen geraden Schaft, auf den sie aufgesteckt waren, während die Tüllenbeile auch weiterhin auf Knieholmen geschäftet wurden (Driehaus 1973, 545–546, Abb. 102–103; Jankuhn 1973a, 548–549; Steuer 1973, 553–554, Abb. 114).

## Datierung und Typologisierung

Äxte und Beile sind vom Jungpaläolithikum bis in die Neuzeit belegt. Zu den ältesten Objekten zählen die seit dem Mesolithikum auftretenden Äxte aus Geweih, die sich in vielen archäologischen Sammlungen finden. Allerdings hat diese Gerätegattung eine lange Laufzeit, so dass eine Datierung häufig schwierig ist. Dies wird verstärkt durch die Tatsache, dass viele Geweihäxte als Einzelfunde in die Museen gelangt sind. Die Schwierigkeiten der Einordnung haben sicherlich auch dazu geführt, dass die Geweihäxte in der Literatur eher ein Schattendasein führen.

Ebenfalls seit dem Mesolithikum werden die Werkstoffe Silex (Kern- und Scheibenbeile) und Stein (Walzenbeile) verwendet. Die Variationsbreite der Steinäxte und der Silex- und Steinbeile während des Neolithikums ist sehr groß, bevor sie dann von den Artefakten aus Bronze verdrängt werden. Erst am Ende der Bronzezeit treten nochmals steinerne Äxte auf.

Für die neolithischen Objekte müssen immer noch Brandts Studien über steinerne Äxte und Beile der jüngeren Steinzeit und der Stein-Kupferzeit Nordwestdeutschlands von 1967 als Standardwerk gelten, auch wenn sich viele Beile nicht in seine Typeneinteilung einfügen lassen. Überhaupt sind gerade die Beile aus Stein und Silex oft nur schwer einem Typ zuzuordnen, da sie durch Nachschärfung und Umarbeitung häufig ihre ursprüngliche Form völlig verloren haben (hierzu z.B. Hingst 1989, 30, der von beschädigten geschliffenen Flintbeilen berichtet, die sekundär als Kernsteine zum Abbau von Klingen und Abschlägen genutzt wurden). Deshalb wurden bei den im Weiteren aufgeführten Typen all jene in der Literatur definierten außer Acht gelassen, die dies nicht berücksichtigen.

So gibt es neben den vielen hier vorgestellten Typen vor allem bei den Beilen eine ganze Reihe Artefakte, die sich der Einordnung entziehen wie auch z.B. die so genannten Abschlagbeile. Hier wurde an einem Abschlag eine Beilschneide angebracht, ohne dass weitere Zuarbeitungen vorgenommen worden wären. Die Form unterliegt keiner Normierung. Äußerst selten sind Beile aus Knochen im Neolithikum belegt, was aber möglicherweise ein Überlieferungsproblem ist (Weiner 1996, 117).

Mit der Nutzung des Werkstoffs Bronze kommt eine große Typenvielfalt auf. Diese ist sehr ausführlich in den PBF-Bänden (Prähistorische Bronzefunde: siehe Laux 2000 und 2005, Kibbert 1980 und 1984, Abels 1972, Pászthory/Mayer 1998 und Mayer 1977) vorgelegt worden. Allerdings werden in unserer Auflistung nicht alle Typen übernommen, besonders nicht diejenigen, die nur in wenigen Stücken auftreten. Varianten von Typen wurden gänzlich vernachlässigt. Um eine weiterführende Arbeit zu ermöglichen, sind zumindest die Typbezeichnungen unter der Rubrik »Untergeordnete Begriffe« aufgeführt. Die Beile und Äxte aus Eisen der jüngeren Zeiten finden oft nicht mehr das Interesse der Forschung. Häufig sind sie nur kurz erwähnt, selten beschrieben und kaum abgebildet, was eine Gliederung erschwert.

Natürlich muss auch der Quellenlage Rechnung getragen werden. Immer dann, wenn Beile und Äxte zum Grabinventar gehörten und in Horten verwahrt wurden, ergibt sich die Möglichkeit, unterschiedliche Typen herauszuarbeiten. Sind sie nur von Siedlungsplätzen bekannt, ist ihre Stückzahl häufig gering und die Fragmente überwiegen vor den vollständigen, einem Typ zuzuordnenden Stücken. Metallobjekte wurden immer wieder eingeschmolzen oder umgeschmiedet und entziehen sich so der Bewertung.

## Bemerkungen zum Bestimmungsbuch

Bei den Benennungen muss unterschieden werden zwischen interpretierenden Bezeichnungen und den tatsächlich belegten Nutzungsnachweisen. Erstere finden sich, soweit möglich, lediglich in den Synonymen. Definitionen aus der Literatur, die rein subjektiv sind, wie z.B. elegante Form (für Franzisken), wurden nicht übernommen. Zu den Fachausdrücken für die einzelnen Bestandteile der Artefakte siehe die Abbildungen 1–3, verschiedene Schäftungshilfen bei Äxten zeigt Abbildung 4.

Eine Vollständigkeit aller Axt- und Beiltypen wurde nicht angestrebt. Vielmehr wurden Typen aufgenommen, die häufig im deutschsprachigen Gebiet auftreten oder in der Forschung eine wichtige Rolle spielen.

Selbstverständlich kann die vorliegende Arbeit keine Neubearbeitung der Typologie der Äxte und Beile sein. Aus diesem Grunde wurden auch nicht ganz glücklich gewählte Typbezeichnungen wie z.B. Schaftlochaxt (alle Äxte haben laut zugrunde liegender Definition ein Schaftloch) oder Schlichtes Absatzbeil beibehalten. Allerdings werden die rundnackigen Äxte und die Äxte mit Nackenkamm nicht wie in der Literatur häufig unter den doppelschneidigen Steinäxten geführt. Dieses resultierte daraus, dass man hier eine Entwicklungsreihe sah (Herfert 1962, 1068; Zápatocký 1992, 120–135). Da beide Formen aber keine doppelte Schneide aufweisen, werden sie auch getrennt als Typen geführt. Ansonsten wurde Vorhandenes aus der Literatur gesammelt und versucht, in eine einheitliche Form zu bringen. Wichtig war es dabei, die an vielen verschiedenen Stellen publizierten unterschiedlichen Typen im deutschsprachigen Raum zusammenzustellen. Dies führte auch dazu, dass die unterschiedlichen Chronologiesysteme zusammengeführt werden mussten, was zum Teil große Probleme bereitete. Alle absoluten Daten sind lediglich als Näherungswerte zu betrachten, da es nur in seltensten Fällen C14- oder Dendrodaten (und wenn, dann für einzelne Fundorte) gibt. Neben der zeitlichen Einordnung wurde im Neolithikum auch die Kulturzugehörigkeit angegeben. Für die Einteilung des Neolithikums für Mittel- bis Süddeutschland wurde auf die Arbeit von Lüning (1996) zurückgegriffen, da sie in der Forschung große Zustimmung gefunden hat. Lediglich der Norden nimmt eine Sonderstellung ein. Die Aufnahme wurde mit dem Frühmittelalter abgeschlossen.

Danken möchte ich den Mitgliedern der Thesaurus-AG für die vielen Diskussionen und Anregungen, Sabine Rick für die Zeichnungen der Artefakte, Ursula Bohnhorst (Landesmuseum Hannover) für die Anfertigung von Fotos und Thomas Lessig-Weller (Keltenwelt am Glauberg) für zahlreiche Diskussionen, die Zeichnungen zu Artefakten und den Benennungsschemata und Hinweise zur Literatur. Ferner möchte ich den Institutionen danken, die Fotos zur Verfügung gestellt haben und vor allem Ronald Heynowski (Landesamt für Archäologie Sachsen), der die Fotos bearbeitet hat.

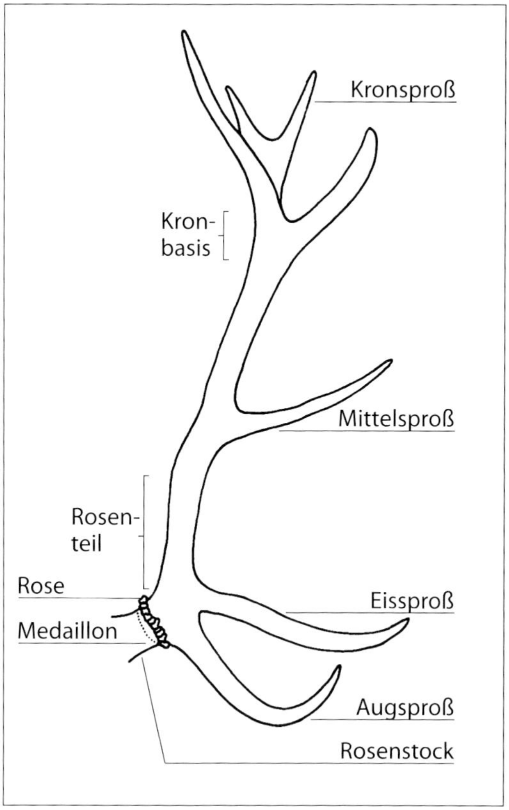


*Abb. 1: Zoologische Bezeichnung der einzelnen Abschnitte einer Hirschgeweihstange (nach Pratsch 1994, Abb. 5).*

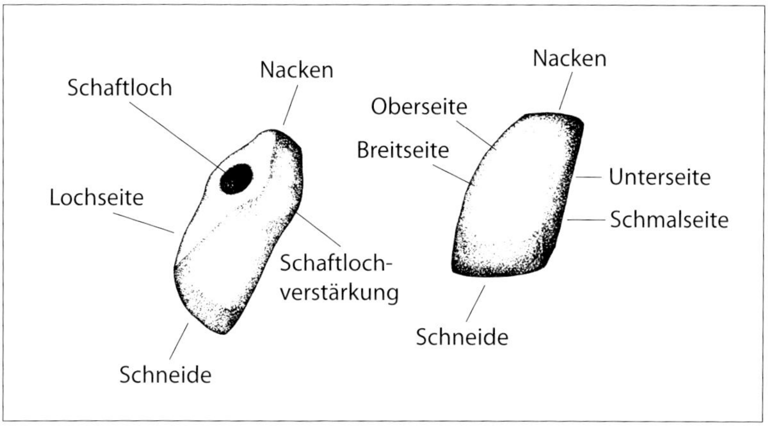


*Abb. 2: Benennungsschema für Steinbeile und -äxte.*

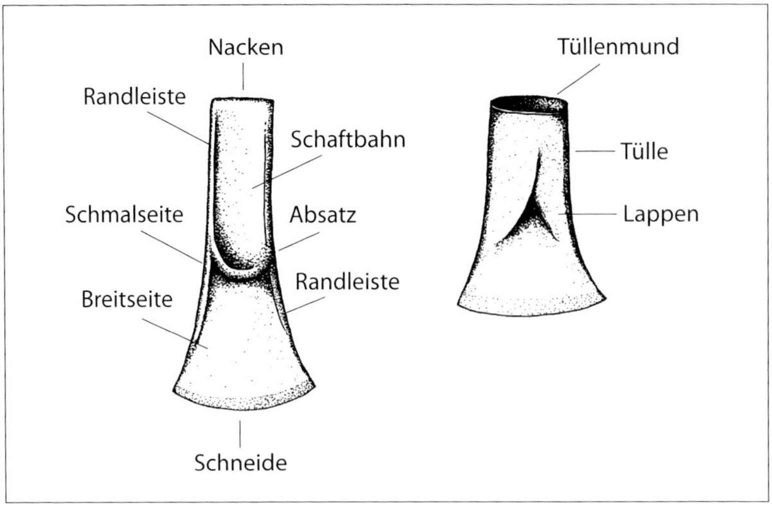


*Abb. 3: Benennungsschema für Metallbeile.*

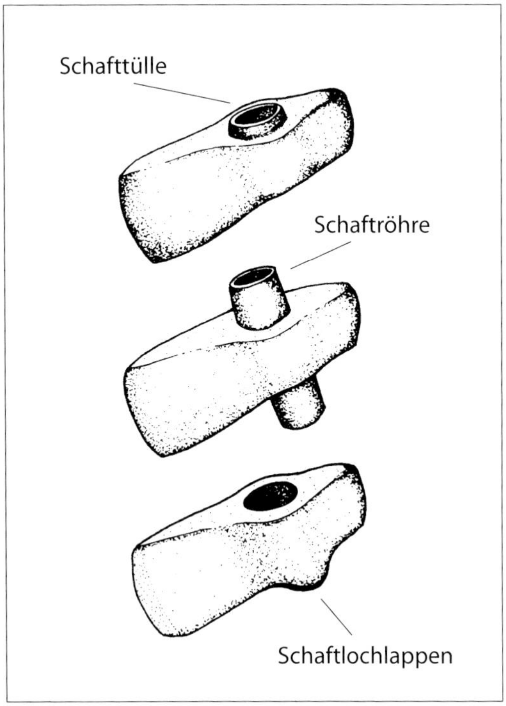


*Abb. 4: Unterschiedliche Schäftungshilfen an Äxten.*

# Farbtafeln

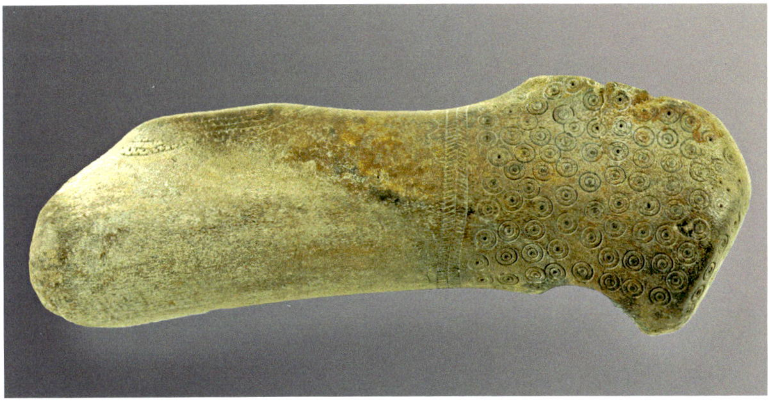

*1.1. Rosenaxt – Archäologisches Museum Hamburg, Fundort Altenwahlingen, Inv.-Nr. HM V 1981:1. – Länge 18,5 cm*

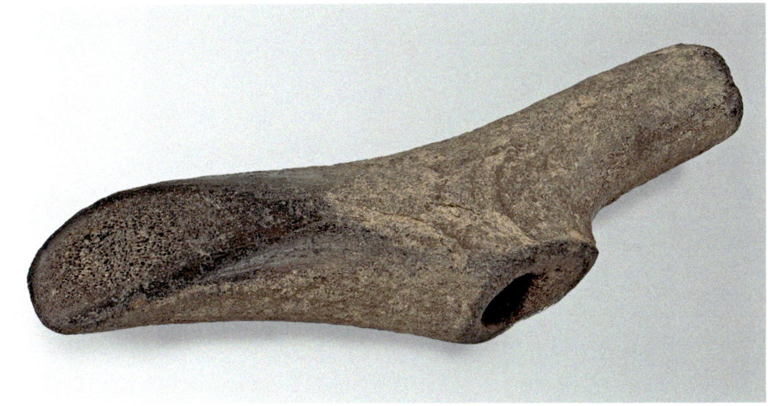

*1.2. T-Axt – Archäologisches Museum Hamburg, Fundort Elbe bei Hamburg, Inv.-Nr. MfV 1933.243:1. – Länge 28,2 cm*

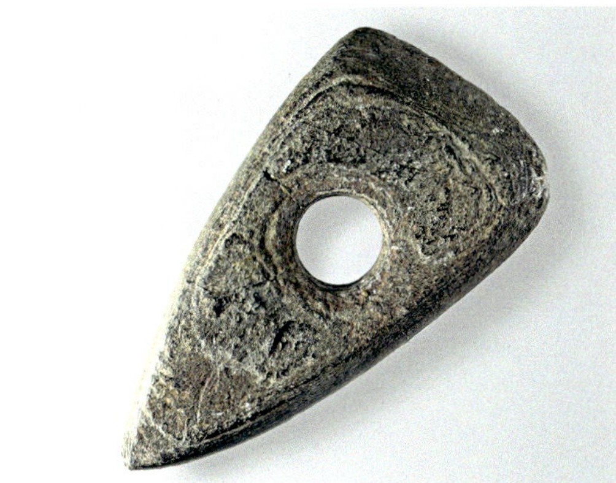

*2.1.3. Donauländische Axt – Landesamt für Archäologie Sachsen, Fundort Seußlitz, Inv.-Nr. S.: 214/48. – Länge 15,0 cm*

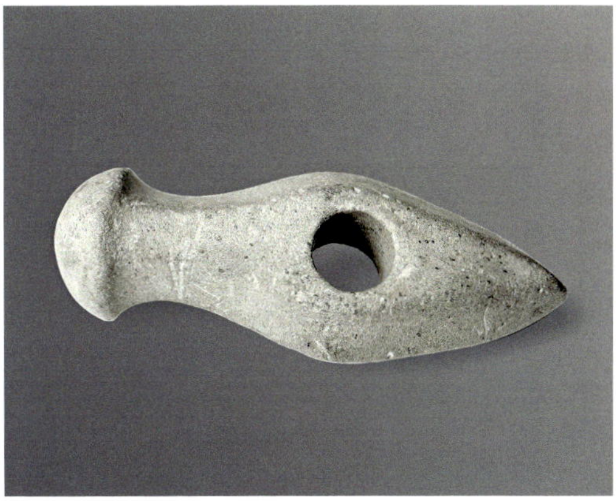

*2.2.1. Knaufhammeraxt – Archäologische Staatssammlung München, Fundort Palsweis, Inv.-Nr. 1934:10. – Länge 15,5 cm*

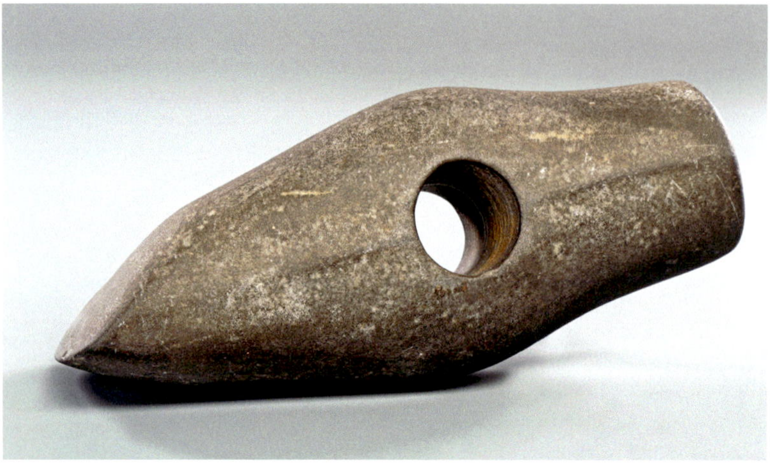

*2.2.3. Gemeineuropäische Hammeraxt – Niedersächsisches Landesmuseum Hannover, Fundort Koldingen, Inv.-Nr. 225:29. – Länge 14,5 cm*

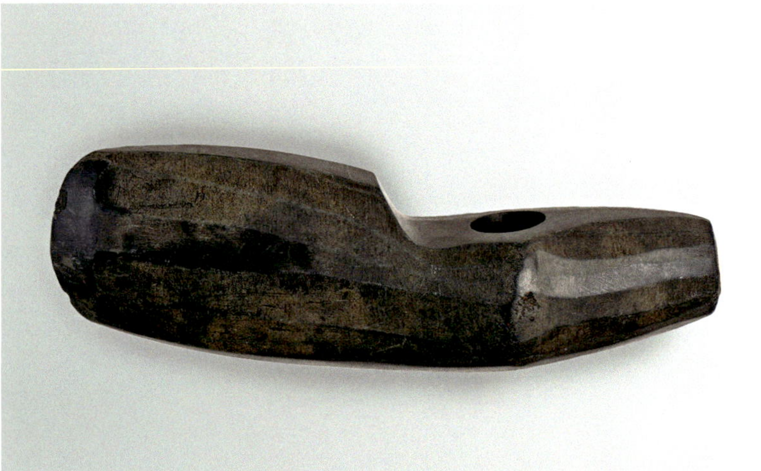

*2.2.4. Facettierte Hammeraxt – Museum Radeberg, Fundort Kleinwolmsdorf, Inv.-Nr. V 349. – Länge 18,0 cm*

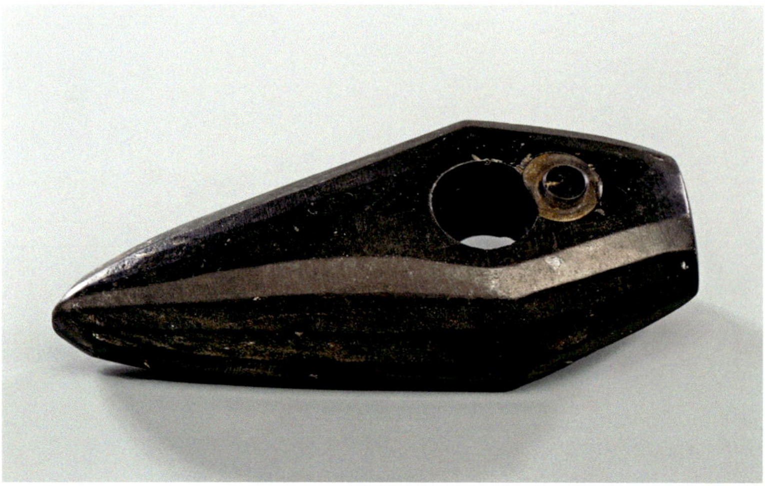

*2.2.4. Facettierte Hammeraxt – Niedersächsisches Landesmuseum Hannover, Fundort Stolzenau, Inv.-Nr. 2793. – Länge 11,5 cm*

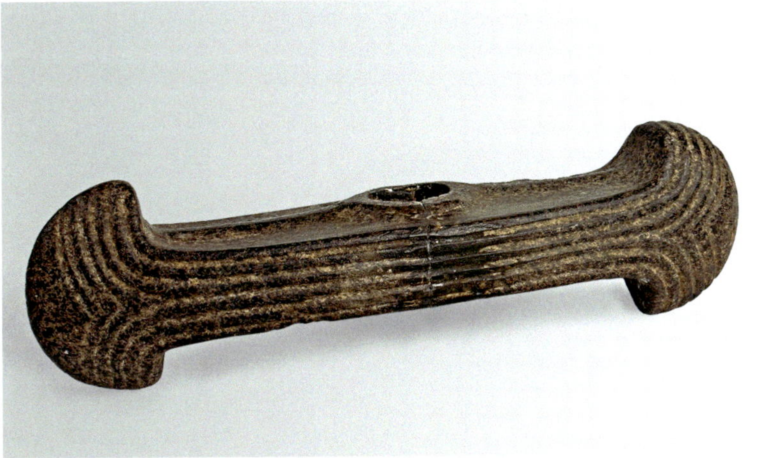

*2.3.1. Doppelaxt vom Hannoverschen Typ – Archäologisches Museum Hamburg, Fundort Altenwalde (Cuxhaven), Inv.-Nr. MfV 1897.72. – Länge 17,5 cm*

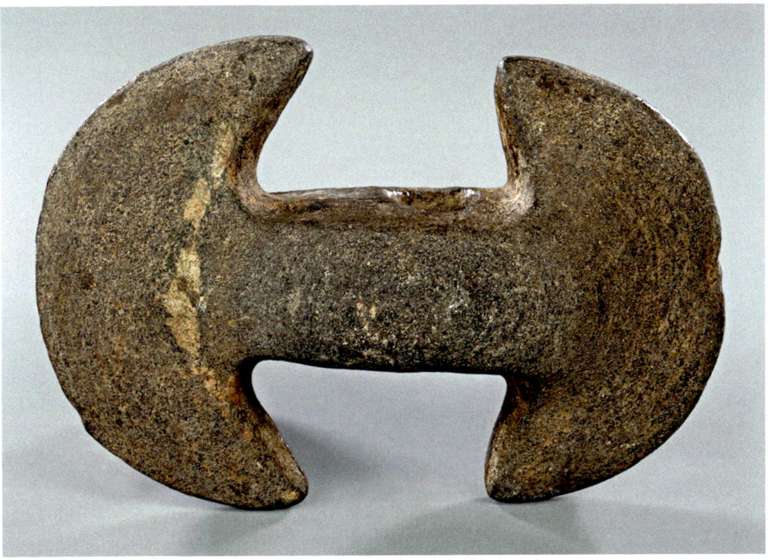

*2.3.2. Amazonenaxt – Niedersächsisches Landesmuseum Hannover, Fundort Steinbeck, Inv.-Nr. 2069. – Länge 15,0 cm*

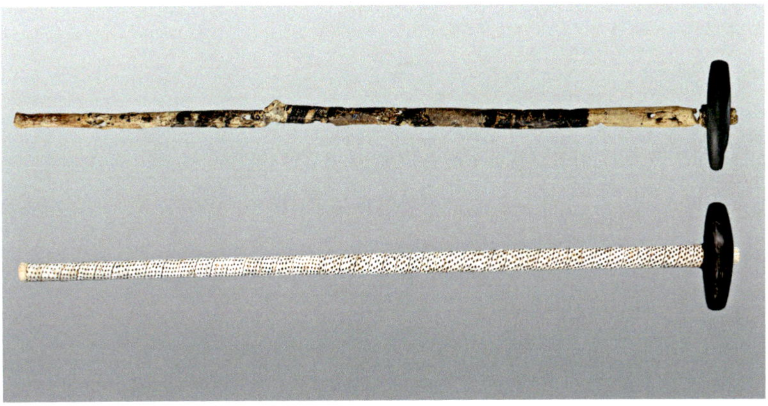

*2.3.3. Lanzettaxt (Vorform) und Nachbildung – Kantonales Museum für Urgeschichte(n) Zug, Fundort Zugersee. – Länge Klinge 17,2 cm, Länge Schaft 1,20 m*

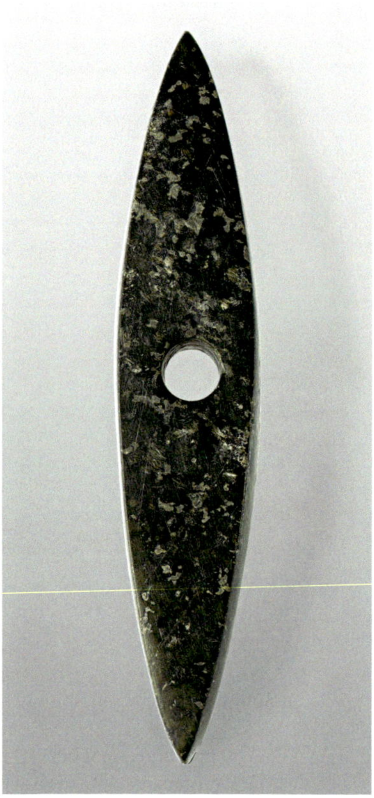

2.3.3. Lanzettaxt – Gäubodenmuseum Straubing, Fundort Straubing, Inv.-Nr. 3346. – Länge 22,3 cm

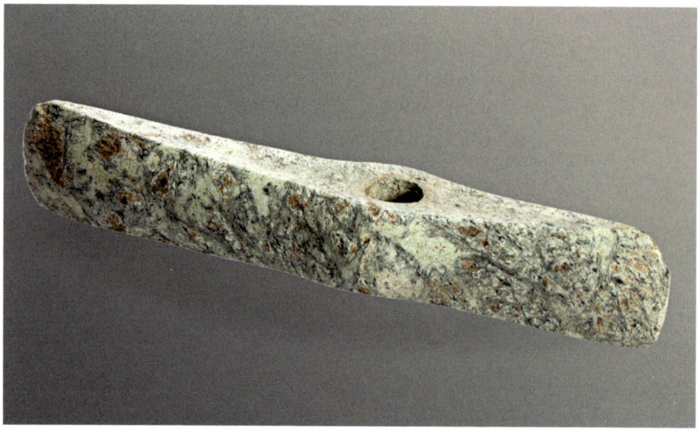

2.3.3.1. Axt Halfing-Linz – Städtisches Museum Rosenheim, Fundort Halfing, Inv.-Nr. V6. – Länge 22,7 cm

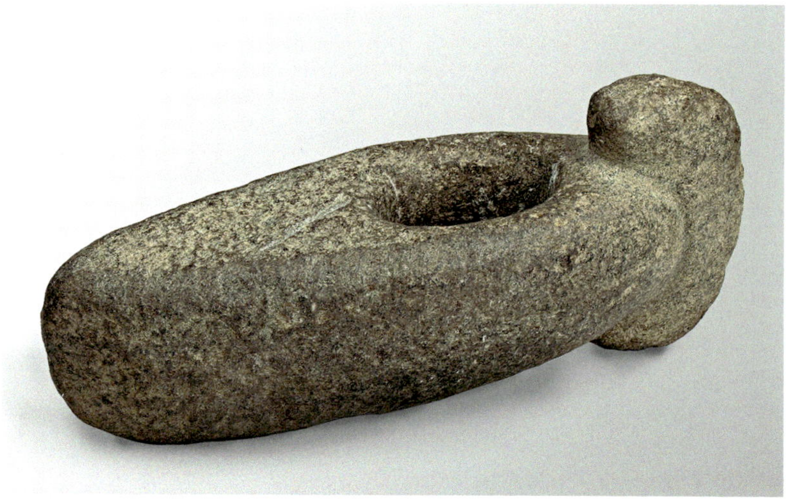

2.5. Nackenkammaxt – Archäologisches Museum Hamburg, Fundort Tangendorf, Inv.-Nr. HM V 1954:683. – Länge 11,6 cm

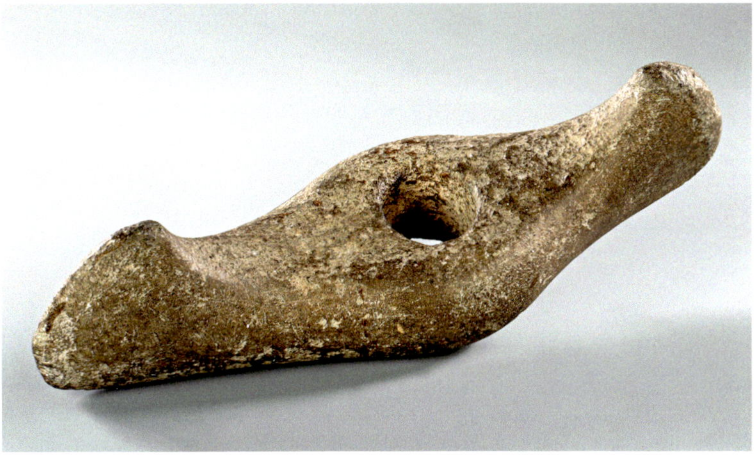

*2.6.7. Jüngere Konvexaxt – Niedersächsisches Landesmuseum Hannover, Fundort Niendorf, Inv.-Nr. 2294. – Länge 22,6 cm*

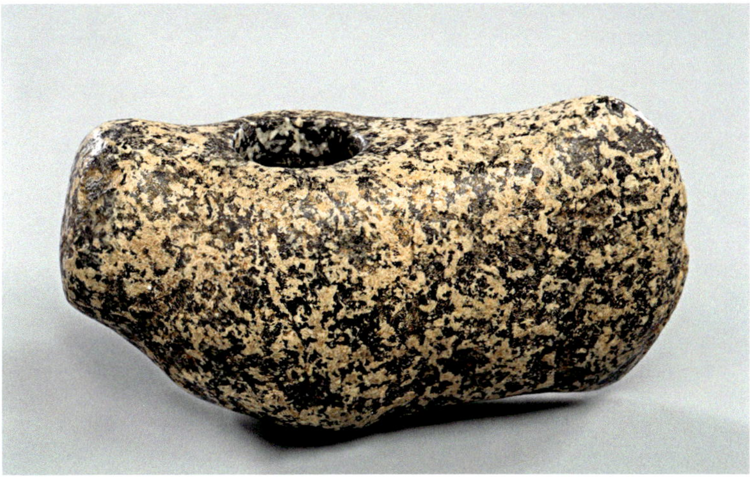

*2.7.1. Nackengebogene Axt mit Schaftlochtülle und gebogenem Nackenknauf – Niedersächsisches Landesmuseum Hannover, Fundort Garbsen, Inv.-Nr. 1:34. – Länge 8,8 cm*

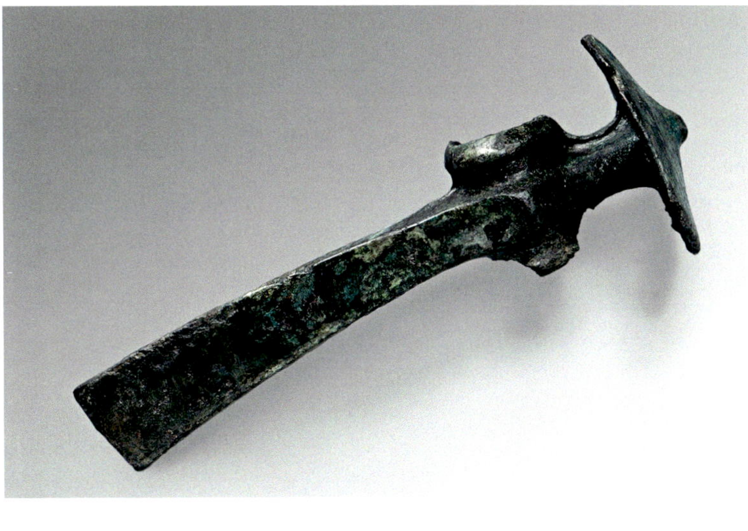

*3.2.4. Nackenscheibenaxt – Archäologische Staatssammlung München, Fundort Stoffersberg, Inv.-Nr. HV 144. – Länge 13,6 cm*

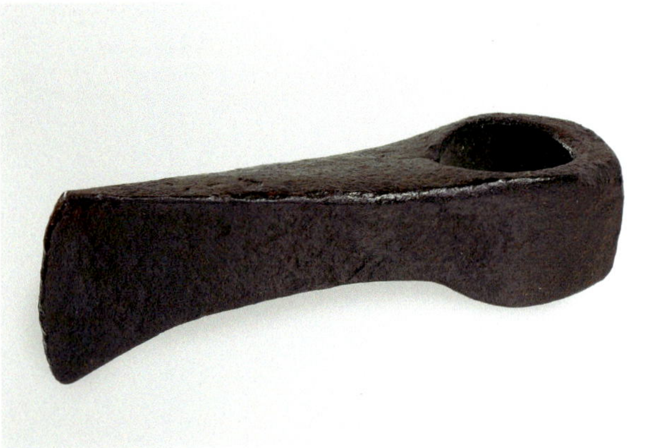

4.1.1. Schaftlochaxt – Landesamt für Archäologie Sachsen, Fundort Dobra, Inv.-Nr. D 1793/80. – Länge 16,0 cm

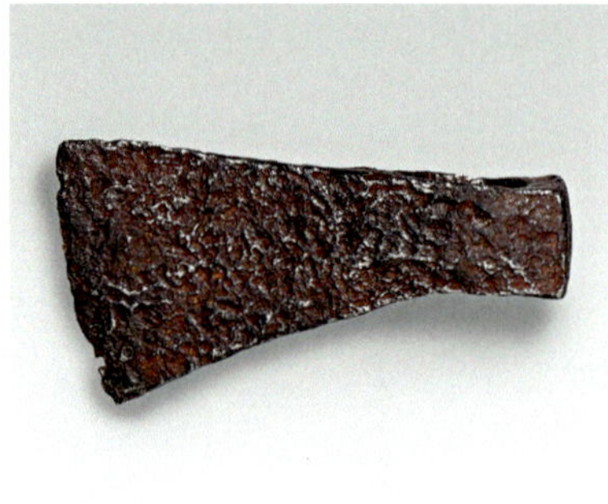

4.1.2. Schmalaxt – Römisches Museum Stadt Augsburg, Fundort Augsburg-Oberhausen, Inv.-Nr. O/15. – Länge 11,0 cm

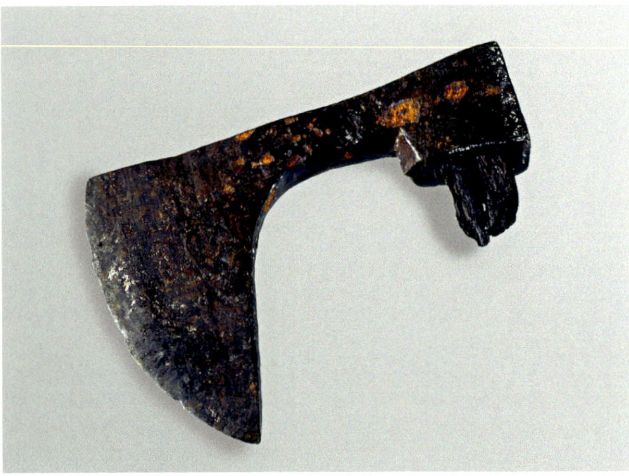

4.1.3. Bartaxt – Landesamt für Archäologie Sachsen, Fundort Dresden, Inv.-Nr. DD-127/SF 66. – Länge 22,0 cm

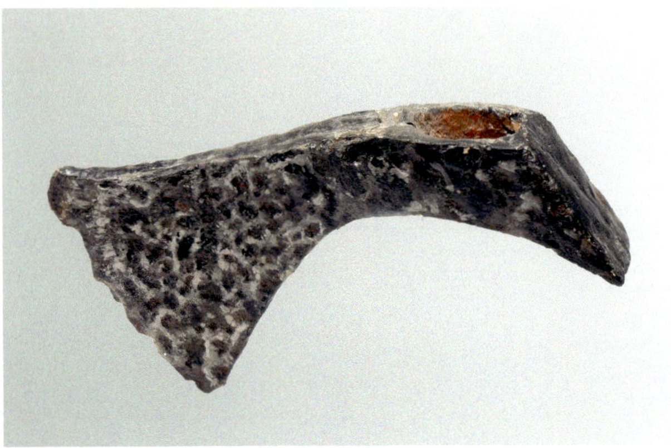

4.1.5. Franziska – Landesamt für Archäologie Sachsen, ohne Inv.-Nr. – Länge 18,0 cm

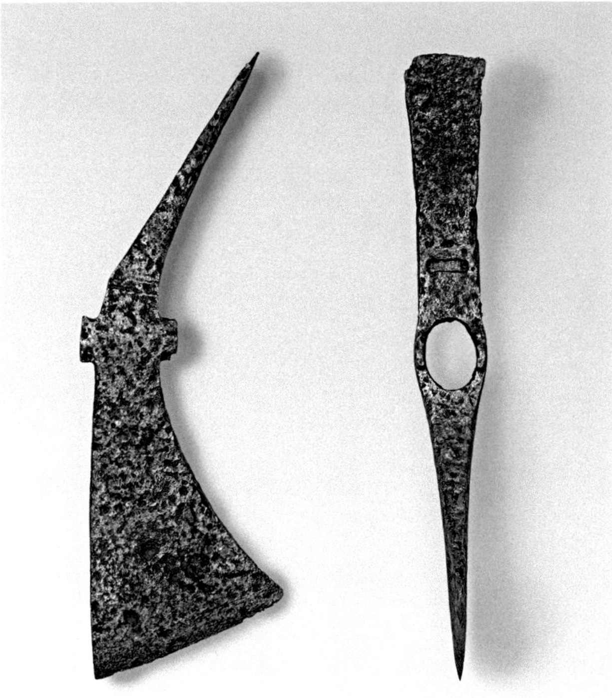

*4.2.1.1. Pionieraxt – Römisches Museum Stadt Augsburg, Fundort Augsburg-Oberhausen, Inv.-Nr. O/10. – Länge 37,4 cm*

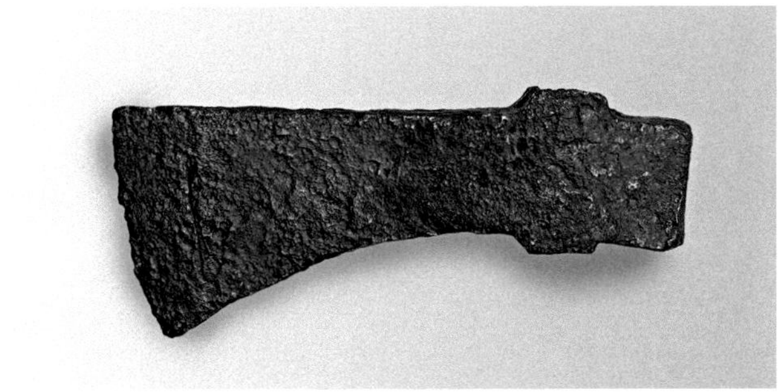

*4.2.1. Axt mit rechteckigen Schaftlochlappen – Römisches Museum Stadt Augsburg, Fundort Augsburg-Oberhausen, Inv.-Nr. O/12. – Länge 20,3 cm*

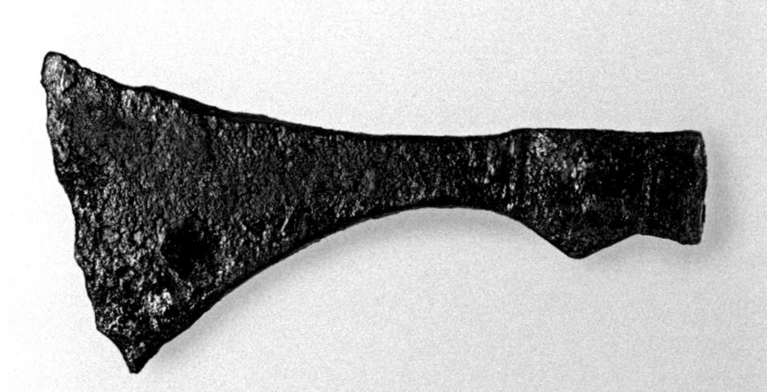

*4.2.2. Axt mit dreieckigen Schaftlochlappen – Landesamt für Archäologie Sachsen, Fundort Dobra, Inv.-Nr. S.: 1186/69. – Länge 17,0 cm*

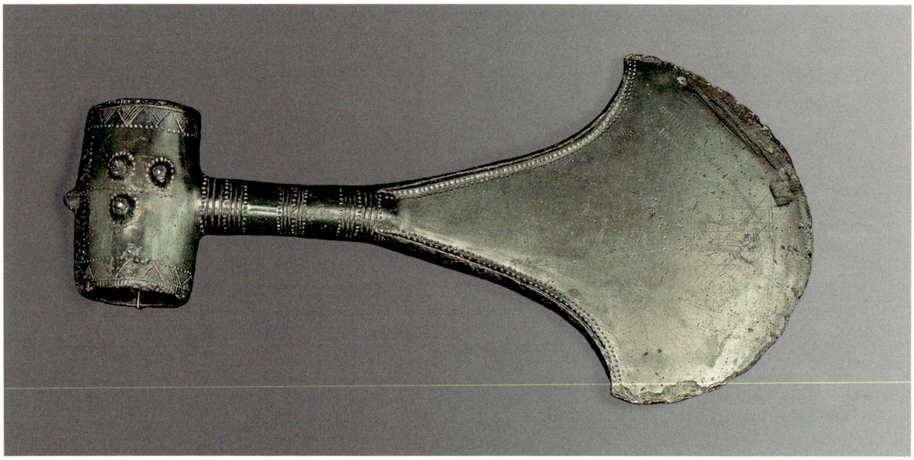

*Prunkaxt – Archäologische Staatssammlung München, Fundort Krottenthal, Inv.-Nr. IV 646. – Länge 26,4 cm*
*Äxte dieser Art sind selten und keinem der hier beschriebenen Typen zuzuordnen. (Dazu auch im einleitenden Beitrag S. 12f.)*

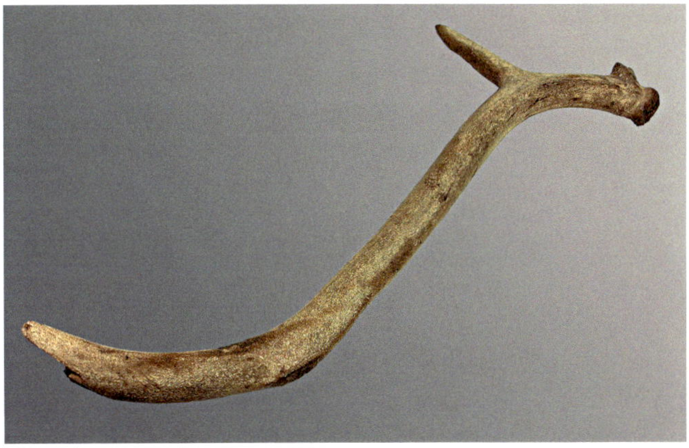

*1.1. Lyngbybeil – Archäologisches Museum Hamburg, Fundort Hamburg-Neuland, Inv.-Nr. AM 1963:228. – Länge 67,2 cm*

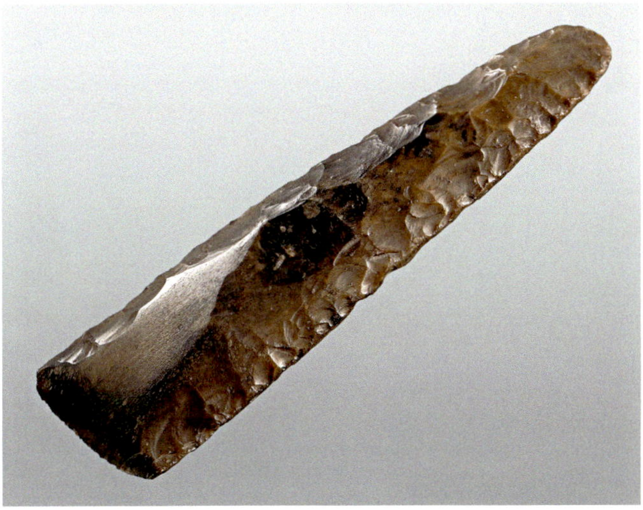

*2.3.3. Dünnblattiges Ovalbeil – Niedersächsisches Landesmuseum Hannover, Fundort Jastorf, Inv.-Nr. 2154. – Länge 12,7 cm*

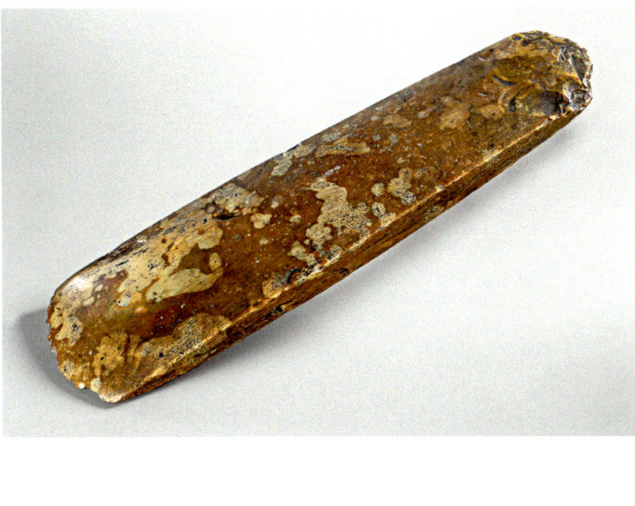

*2.4.1. Dünnnackiges Rechteckbeil – Niedersächsisches Landesmuseum Hannover, Fundort Lüneburg, Inv.-Nr. 2004. – Länge 28,1 cm*

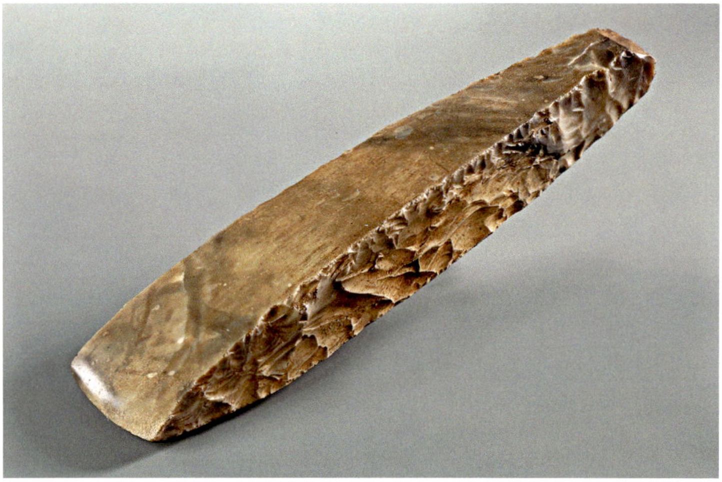

*2.4.2.1. Dickblattiges Rechteckbeil – Niedersächsisches Landesmuseum Hannover, Fundort Mandelsloh, Inv.-Nr. 28549. – Länge 28,2 cm*

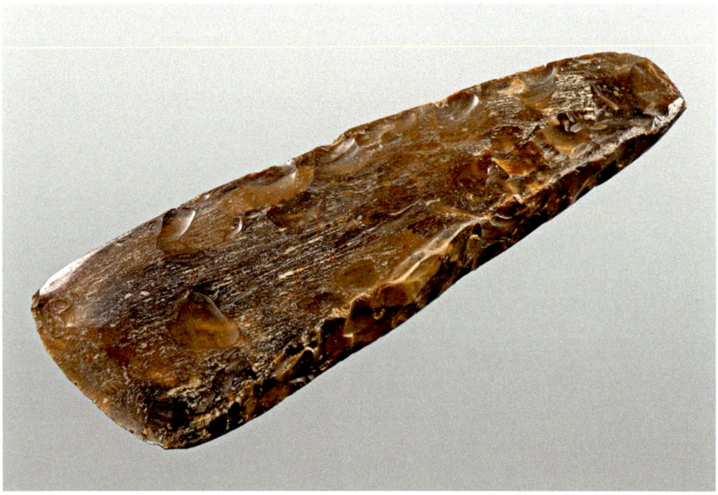

*2.4.2.2. Dünnblattiges Rechteckbeil – Niedersächsisches Landesmuseum Hannover, Fundort Langenhagen, Inv.-Nr. 2843. – Länge 15,1 cm*

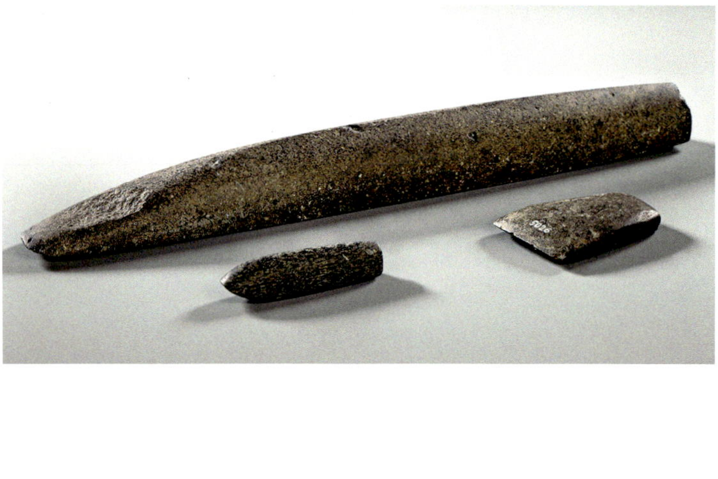

*3.2.1. und 3.2.2. Flache und hohe Dechseln – Niedersächsisches Landesmuseum Hannover, Fundorte Rössing und Edesheim, Inv.-Nr. 778-779:88 und 5026. – Länge große Dechsel 30,0 cm, Länge kleine Dechsel 6,6 cm, Länge flache Dechsel 6,0 cm*

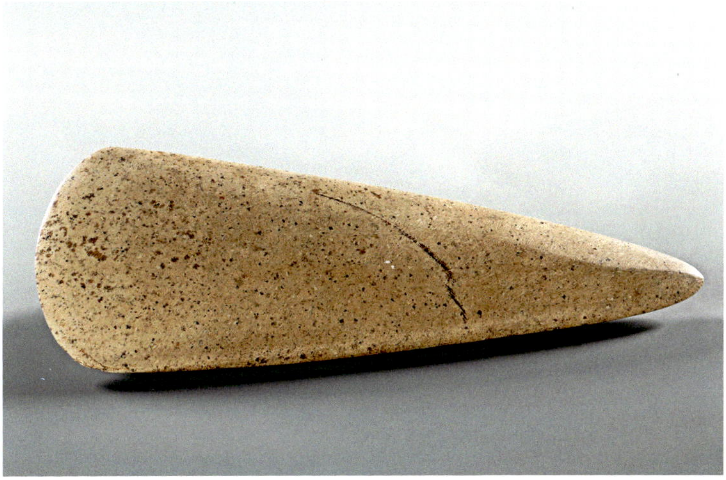

*3.4. Spitznackiges Beil – Niedersächsisches Landesmuseum Hannover, Fundort Rinteln, Inv.-Nr. 8:73. – Länge 19,9 cm*

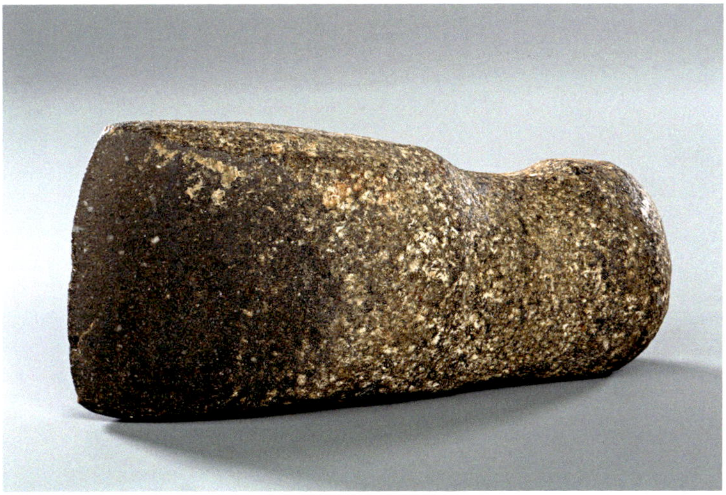

*3.5. Rillenbeil – Niedersächsisches Landesmuseum Hannover, Fundort Kammerborn, Inv.-Nr. 286:32. – Länge 12,0 cm*

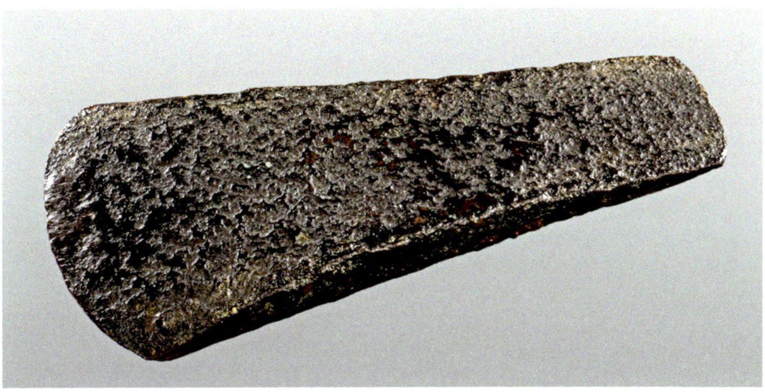

*4.1.2. Trapezförmiges Flachbeil – Niedersächsisches Landesmuseum Hannover, Fundort Oberode, Inv.-Nr. 5925. – Länge 12,6 cm*

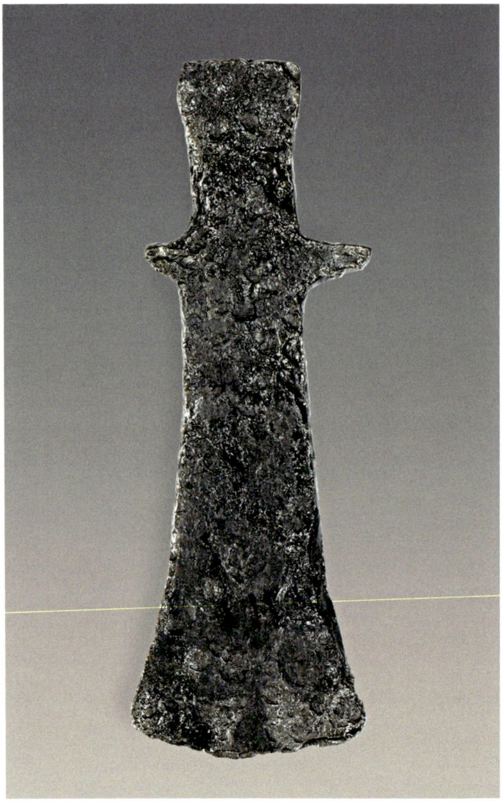

*4.1.3. Ärmchenbeil – Gäubodenmuseum Straubing, Fundort Straubing, Inv.-Nr. 556-60. – Länge 12,5 cm*

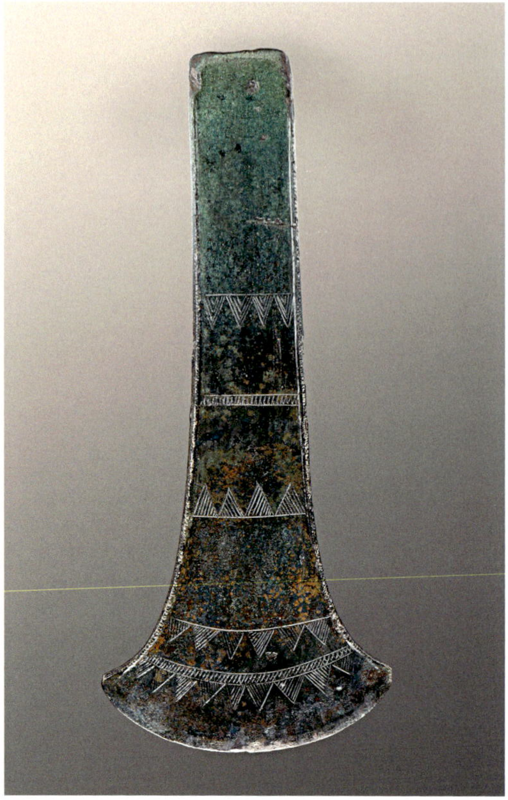

*4.2.1. Parallelseitig-geschweiftes Randleistenbeil – Landesamt für Archäologie Sachsen, Fundort Schweta, Inv.-Nr. D 81/10. – Länge 24,0 cm*

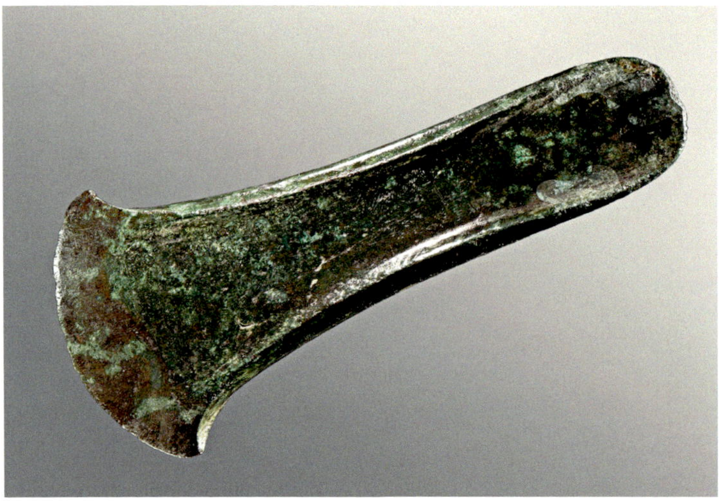

*4.2.1. Parallelseitig-geschweiftes Randleistenbeil – Niedersächsisches Landesmuseum Hannover, Fundort Klein Hain, Inv.-Nr. 5381. – Länge 13,5 cm*

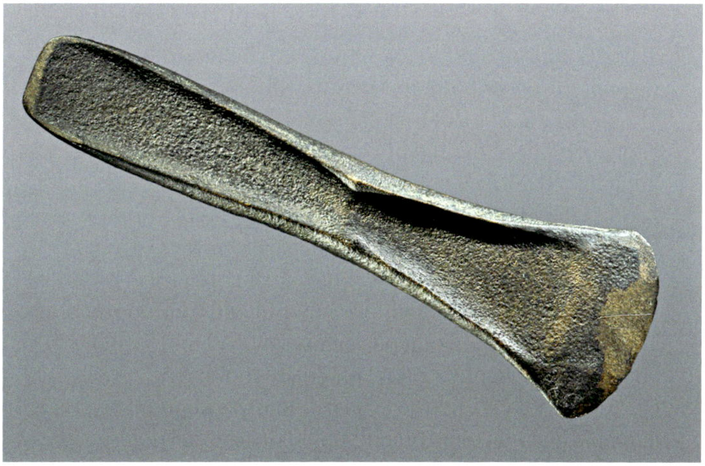

*4.2.2. Randleistenbeil mit eingezogener Beilmitte – Niedersächsisches Landesmuseum Hannover, Fundort Wendenborstel, Inv.-Nr. 5615. – Länge 11,0 cm*

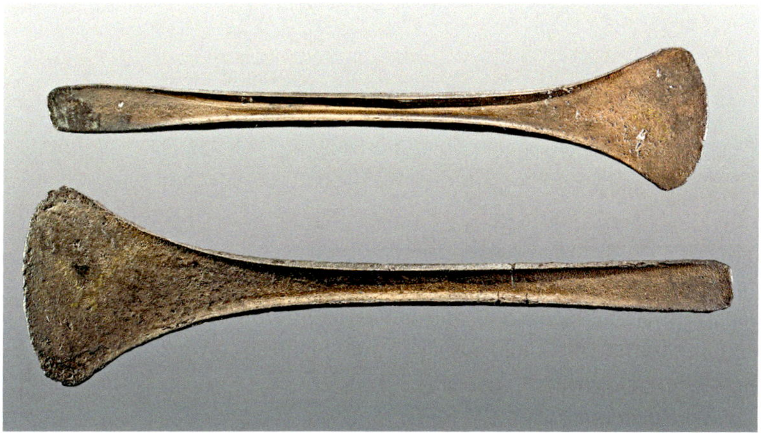

*4.2.2. Randleistenbeil mit eingezogener Beilmitte, Typ Kläden – Niedersächsisches Landesmuseum Hannover, Fundort Kellenberg, Inv.-Nr. 301:37. – Länge oberes Beil 16,9 cm, Länge unteres Beil 18,2 cm*

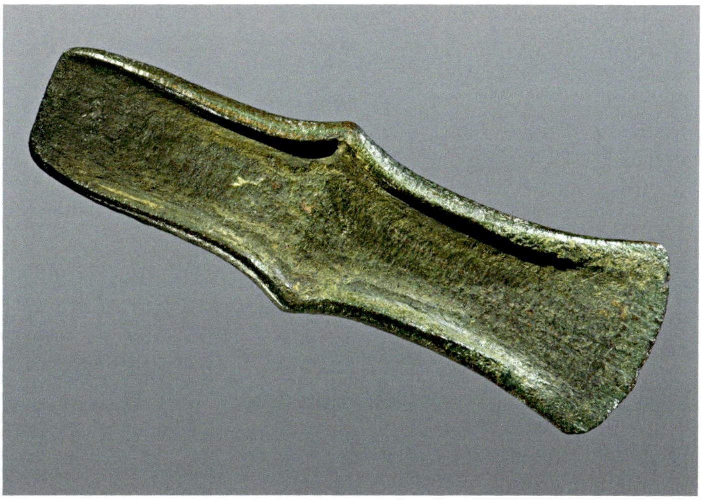

*4.2.4. Geknicktes Randleistenbeil – Niedersächsisches Landesmuseum Hannover, Fundort bei Lüneburg, Inv.-Nr. 13803. – Länge 10,4 cm*

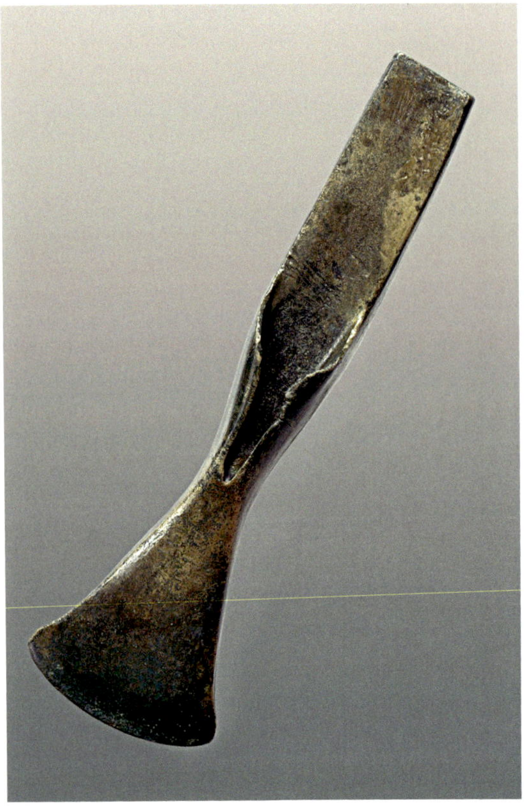

*4.3.2. Absatzbeil mit spitzer Rast – Landesamt für Archäologie Sachsen, Fundort Weißig, Inv.-Nr. S.:16/43. – Länge 20,0 cm*

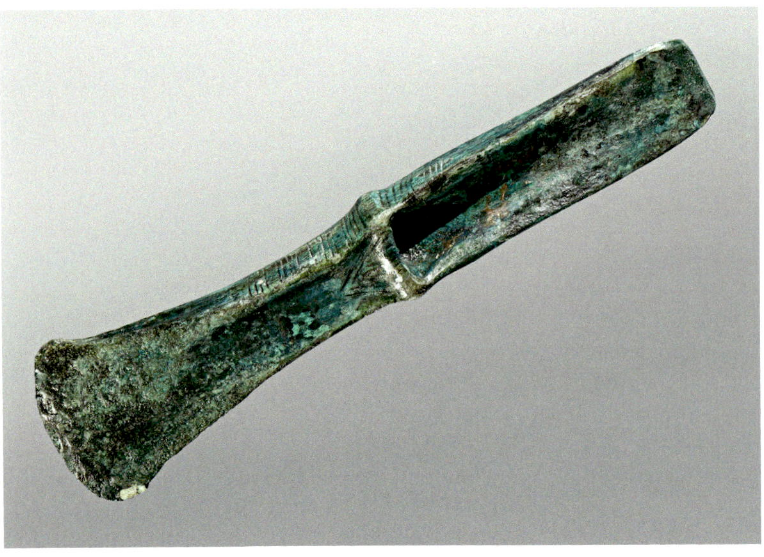

*4.3.5. Absatzbeil vom Osthannover-Typ – Niedersächsisches Landesmuseum Hannover, Fundort Wardböhmen, Inv.-Nr. 668:76. – Länge 14,9 cm*

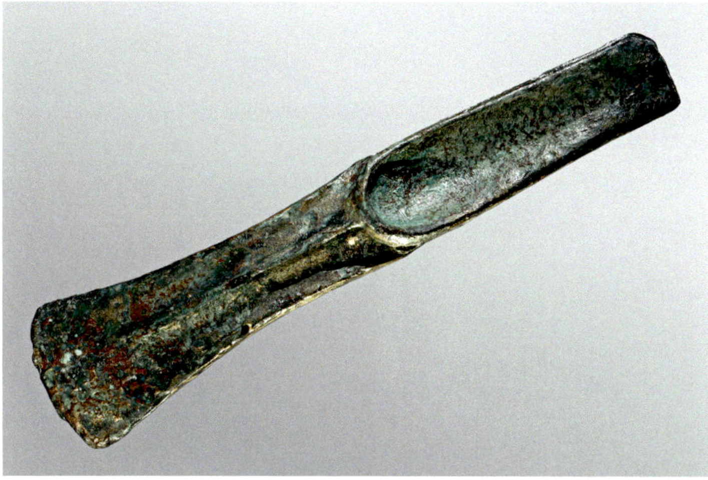

*4.3.7. Norddeutsches Absatzbeil – Niedersächsisches Landesmuseum Hannover, Fundort Hallerburg, Inv.-Nr. 5609. – Länge 14,9 cm*

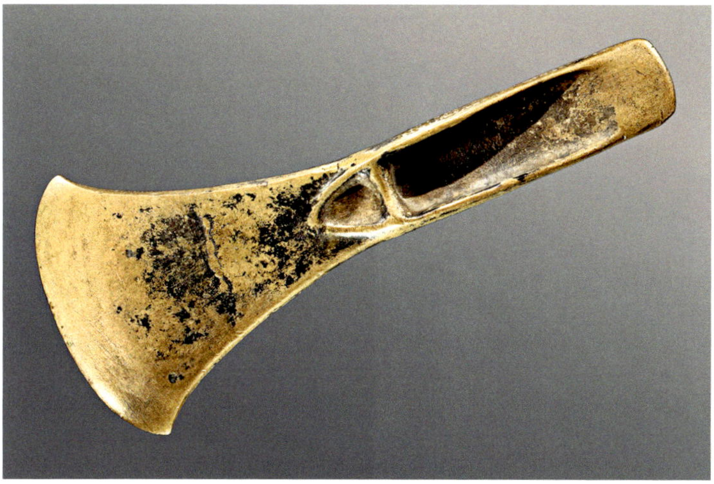

*4.3.8.1. Absatzbeil mit Hängebogenzier – Niedersächsisches Landesmuseum Hannover, Fundort Neukloster, Inv.-Nr. 15:50. – Länge 16,6 cm*

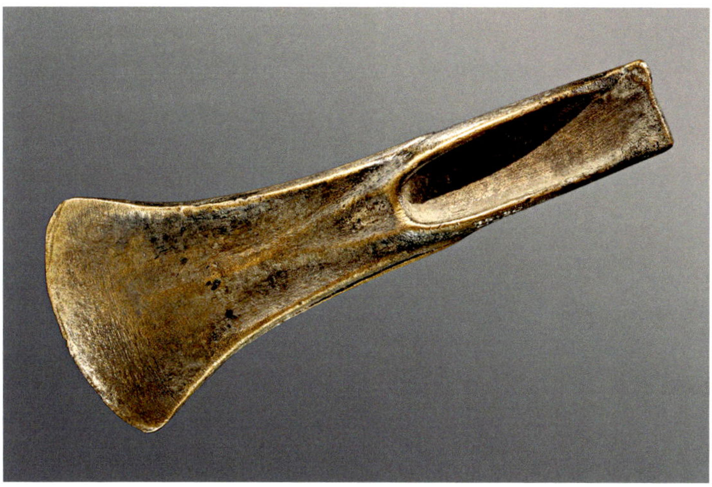

*4.3.8.2. Y-Absatzbeil – Niedersächsisches Landesmuseum Hannover, Fundort Neukloster, Inv.-Nr. 15:50. – Länge 16,0 cm*

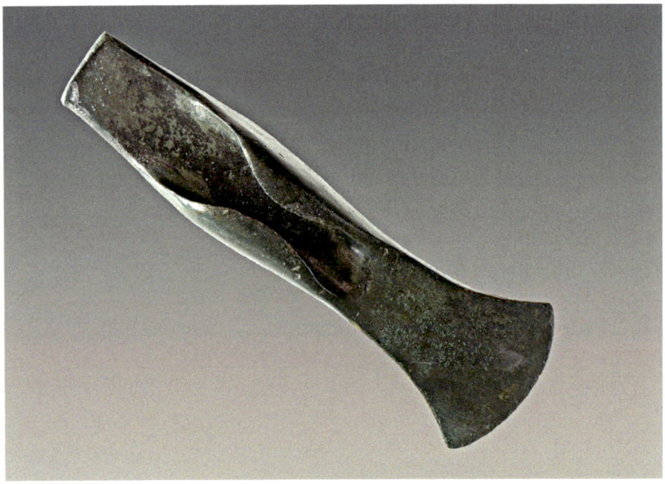

*4.4.1. Mittelständiges Lappenbeil – Landesamt für Archäologie Sachsen, Fundort Wildenhain, Inv.-Nr. S.: 34/47. – Länge 14,0 cm*

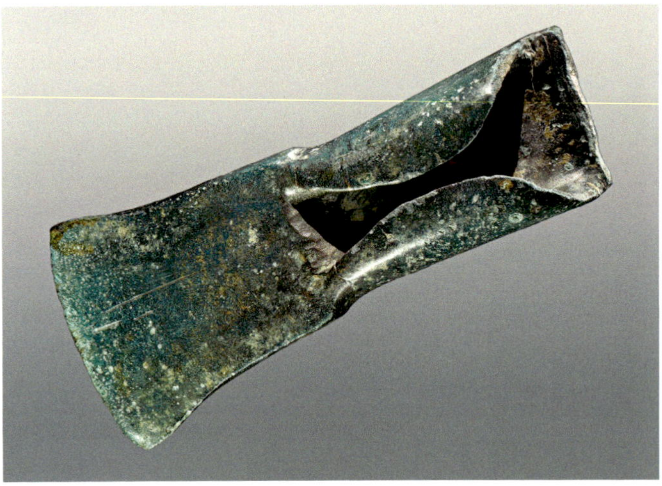

*4.4.1.1. Lappenbeil mit doppelt getrepptem Umriss – Niedersächsisches Landesmuseum Hannover, Fundort Marienburg, Inv.-Nr. 61:2006. – Länge 10,9 cm*

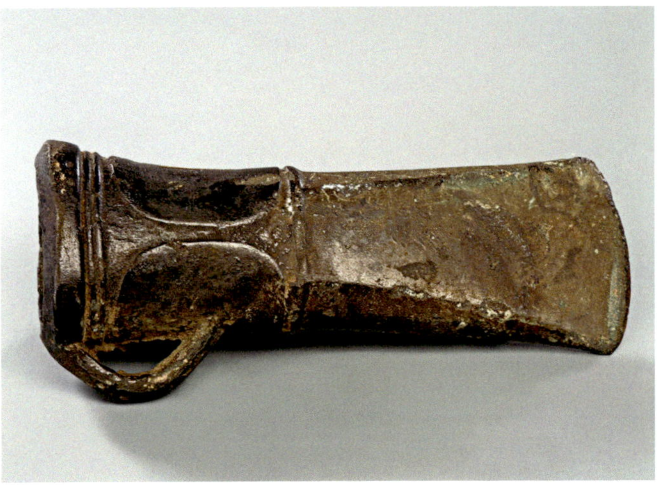

*4.5.6. Tüllenbeil mit Lappenornament – Niedersächsisches Landesmuseum Hannover, Fundort Forste, Inv.-Nr. 365:52. – Länge 13,0 cm*

# Äxte

## 1. Äxte aus Geweih

### 1.1. Rosen-Axt

**Beschreibung:** Einschneidige Axt aus dem Rosenteil (Stangenbasis) eines Geweihs mit einer oder zwei an der Basis abgetrennten Sprossen. Neben den häufigen schlanken Äxten kommen auch gedrungene Formen vor. Z.T. ist die ganze Axt einschließlich der Rose völlig überarbeitet, z.T. auch, bis auf die Schneide, unbearbeitet. Einige Rosenäxte weisen Verzierungen auf, die bei Einzelstücken meist den einzigen Hinweis auf die Datierung geben können. Gelegentlich konnte in den Verzierungen eine schwarze, pechartige Masse festgestellt werden. Das nackenständige Schaftloch kann rundlich-oval oder auch rechteckig sein. Äxte, bei denen das Schaftloch mittelständig zu sein scheint, sind in der Regel abgebrochen bzw. stark nachgearbeitet. Die Geweihstange ist am distalen Ende einseitig abgeschrägt.
**Synonym:** R-Axt; Basis-Axt.
**Datierung:** Spätmesolithikum bis späte Bronzezeit (bis Ha B), 7000/6500–800 v. Chr. (evtl. bis in die Latènezeit: siehe Maier 1963, 27).
**Verbreitung:** Nord-, West- und Mitteleuropa.
**Literatur:** Maier 1963; Wyss 1979, 57–59, Abb. 38,1a–c; 39,1a–c; Bosscha Erdbrink 1982, 128; Heidelk-Schacht 1983, 34–37, Abb. 16,c; 18,g; Werning 1983, 21–187, Taf. 14; Jestrzemski 1987; Busch 1989; Lübke 1993, 74–77, Abb. 2,2; Pratsch 1994, 27; Schmidt 1995; Riedel u.a. 2005 (mit Zusammenstellung der C14-Daten); Wendowski-Schünemann 2007.
**Anmerkung:** Der Grad der Überarbeitung der Rosenäxte kann nicht als Datierungsmerkmal herangezogen werden.

### 1.2. T-Axt

**Beschreibung:** Die ein- oder doppelschneidigen Äxte sind aus der Stangenmitte eines Geweihs mit einer an der Sprossenbasis transversal abgetrennten Sprosse gefertigt. Die Perlung ist in der Regel erhalten.
**Synonym:** T-förmige Axt; Tüllengeweihaxt.
**Datierung:** Spätmesolithikum bis Neolithikum, 7000/6500–2200 v. Chr.
**Verbreitung:** Nord- und Mitteleuropa.
**Literatur:** Albert/Schröter 1973; Werning 1983, 21–187, Taf. 7; Heidelk-Schacht 1983, 28; 30–32, Abb. 8c; Pratsch 2004, 76–79; 86, Abb. 9 (Her-

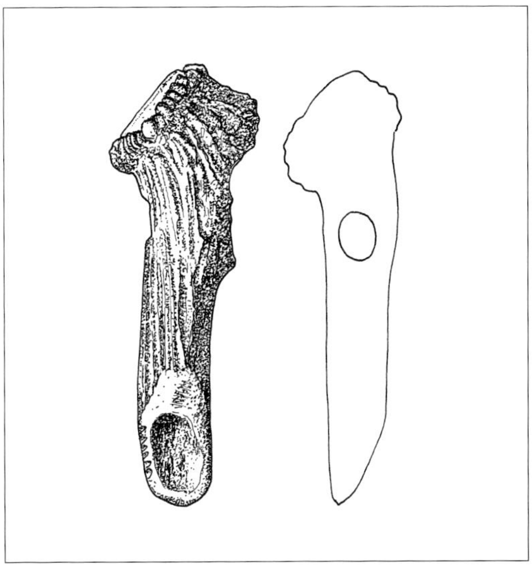

*1.1.*

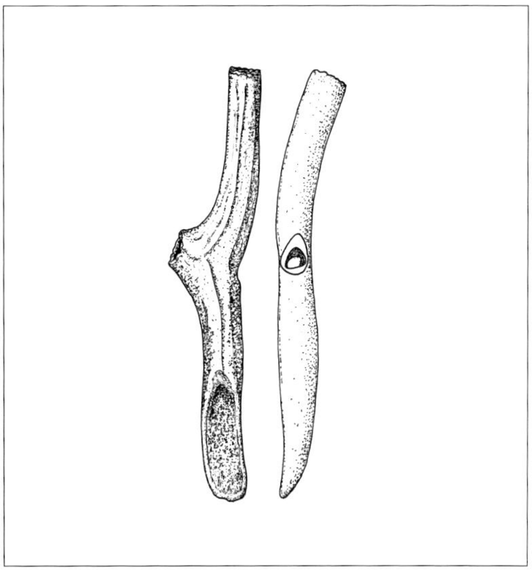

*1.2.*

stellungsschema); Lübke 1993, 77–78; Riedel u.a. 2005.
**Anmerkung:** In Nordeuropa sind T-Äxte eine Leitform der keramischen Phase der Ertebølle-Kultur.

### 1.3. Kronbasis-Axt

**Beschreibung:** Einschneidige Axt aus der Kronenbasis eines Geweihs mit Ansatz der abgetrennten Stange.
**Synonym:** KB-Axt.
**Datierung:** Neolithikum, 5500–2200 v. Chr.
**Verbreitung:** Mitteleuropa.
**Literatur:** Werning 1983, 21–187, Taf. 16; Pratsch 1994, 30; 82, Abb. 31.

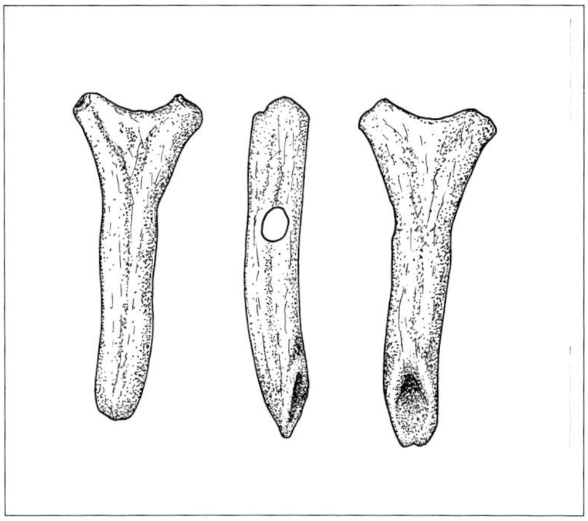

*1.3.*

### 2.1.1. Senkrecht durchlochte Dechsel

**Beschreibung:** Charakteristisch ist der D-förmige Querschnitt mit flacher Unter- und gewölbter Oberseite. Die Durchlochung liegt senkrecht zur Schneide. Es gibt ein- und zweischneidige Exemplare.
**Synonym:** Plättbolzen.
**Datierung:** Frühneolithikum (Linearbandkeramik), 5500–5000 v. Chr. (evtl. auch noch im Mittelneolithikum, aber nicht sicher zu belegen).
**Verbreitung:** Ungarische Tiefebene bis ins Pariser Becken.
**Literatur:** Brandt K. H. 1967, 10–19, Taf. 2,1–3; Lönne 2003, 179, Taf. 99:110,2; Weller 2003, 77.

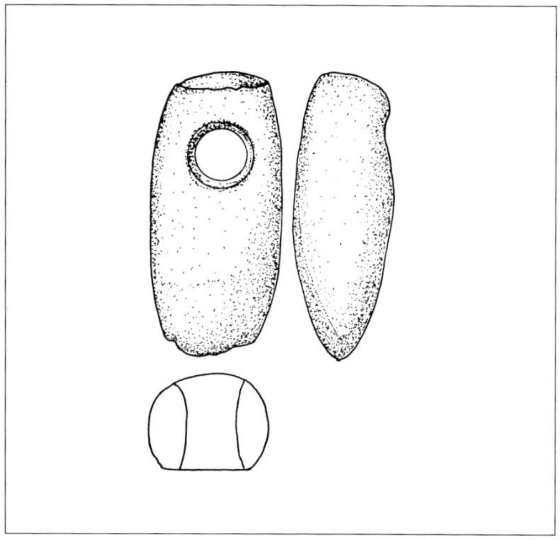

*2.1.1.*

## 2. Äxte aus Stein

### 2.1. Donauländisches Gerät

Unter diesen Begriff fallen alle Äxte, die aus dem jungsteinzeitlichen donauländischen Kulturkreis stammen. Dies sind einerseits Objekte mit dem charakteristischen D-förmigen Querschnitt mit flacher Unter- und gewölbter Oberseite (2.1.1. und 2.1.2.), aber auch solche mit symmetrischer Axtform (2.1.3.). Diese Äxte können parallel oder quer zur Schneide durchbohrt sein.

### 2.1.2. Quer durchlochter »Schuhleistenkeil«

**Beschreibung:** Die Äxte haben einen D-förmigen Querschnitt mit flacher Unter- und gewölbter Oberseite. Sie sind quer zur Längsachse und damit parallel zur Schneide durchbohrt. Das Bohrloch ist Richtung Nacken versetzt.
**Datierung:** Mittel- bis Jungneolithikum (ältere Lengyelkultur, mittlere und besonders späte Stichbandkeramik, Hinkelsteinkultur, selten Großgartacher Kultur und Rössener Kultur, Gaterslebener Kultur), 5000–3900 v. Chr.

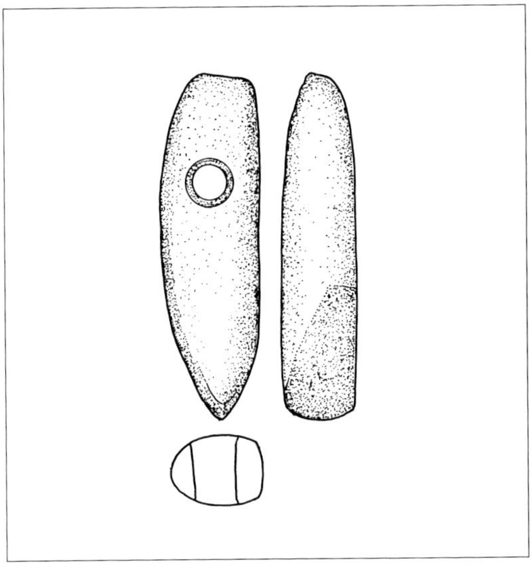

2.1.2.

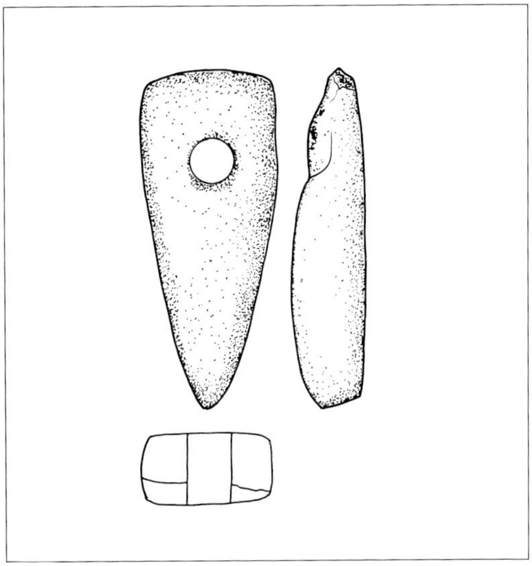

2.1.3.

**Verbreitung:** Südosteuropa, Mitteleuropa.
**Literatur:** Brandt K. H. 1967, 9–19, Taf. 1,6–8; Brandt K. H. 1995; Lönne 2003, 176–177.

### 2.1.3. Donauländische Axt

**Beschreibung:** In der Aufsicht auf die Breitseite verlaufen die Seitenkanten relativ symmetrisch vom breiten Nacken zur Schneide. In der Regel ist eine Breit- oder eine Schmalseite im Nackenbereich abgeschrägt. Das Schaftloch ist in Richtung Nacken versetzt. Die Durchlochung liegt parallel zur Schneide.
**Synonym:** Breitkeil; Rössener Keil.
**Datierung:** Mittel- bis Jungneolithikum (ältere Lengyelkultur, Stichbandkeramik, Hinkelsteinkultur, Großgartacher Kultur, Rössener Kultur, Gaterslebener Kultur, Bischheimer Gruppe, z. T. im Siedlungskontext der frühneolithischen Ertebølle-Ellerbek-Kultur), 5000–3900 v. Chr.
**Verbreitung:** Ost- und Mitteleuropa, Südskandinavien.
**Literatur:** Brandt K. H. 1967, 11–19, Taf. 2,4–8; Rötting 1983, 154, Abb. 17,3; Brandt K. H. 1995; Weiner 2001; Lönne 2003, 166–174, Abb. 78–79.

## 2.2. Hammeraxt

Hammeräxte haben ein hammerartig ausgebildetes, in der Regel konisches oder zylindrisches Nackenende. Die Knaufhammeräxte besitzen sogar einen deutlich abgesetzten Nackenknauf (2.2.1.). Der Axtkörper kann gerade oder gekrümmt sein. Die meisten Hammeräxte haben eine mehr oder weniger stark ausgeprägte Schaftlochverstärkung, die gelegentlich auch scharfkantig ist. Normalerweise haben Hammeräxte einfache Schaftlöcher, die Knaufhammeräxte (2.2.1.) weisen aber oft eine Doppeltülle am Schaftloch auf. Spezielle Ausarbeitungen zeigen neben den Knaufhammeräxten auch die Facettierten Hammeräxte (2.2.4.), deren ganzer Axtkörper facettiert ist.

### 2.2.1. Knaufhammeraxt

**Beschreibung:** Der Axtkörper ist gerade, der Nackenteil zylindrisch mit voll ausgebildetem, deutlich abgesetztem, rundem Nackenknauf. Die Schaftlochverstärkung ist bogenförmig, meist befindet sich eine Doppeltülle am Schaftloch.
**Datierung:** Jungneolithikum bzw. Nordisches Mittelneolithikum (Altheimer Gruppe, Mondsee-

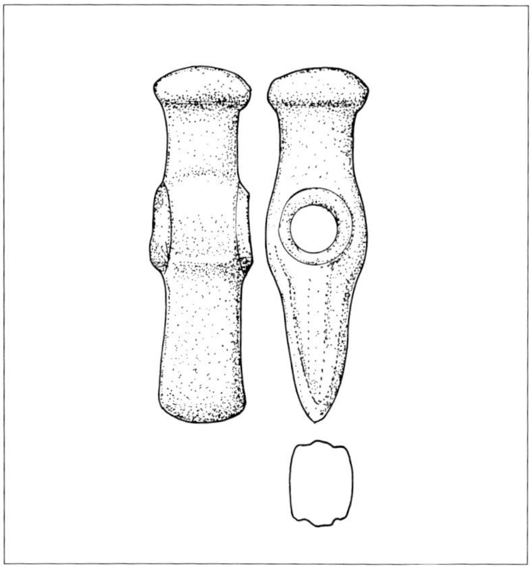

2.2.1.

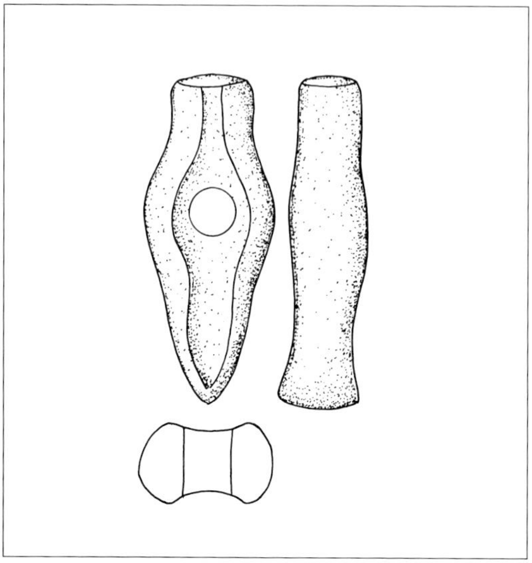

2.2.2.

gruppe, Michelsberger Kultur, jüngere Cortaillodkultur, Trichterbecherkultur), 4400–2800 v. Chr.
**Verbreitung:** Südskandinavien bis Schweiz.
**Literatur:** Driehaus 1958; Herfert 1962, 1104–1107; Brandt K. H. 1967, 27–32, Taf. 4,1–5; Hoof 1970, 92–93; Nilius 1971, 68–71, Taf. 51f–h; Zápatocký 1992, 49–77.
**Anmerkung:** Das Synonym »K-Axt« (Zápatocký 1992, 49) sollte nicht verwendet werden, da eine jütländische Streitaxtform (2.6.9.) so benannt ist.

### 2.2.2. Flache Hammeraxt

**Beschreibung:** Flache Hammeräxte haben einen geraden Axtkörper, gewölbte Außenseiten und einen geraden Nacken. Die Lochseiten können eingetieft sein. Die Schaftlochverstärkung ist bogig bis scharfkantig.
**Datierung:** Jungneolithikum bzw. Nordisches Frühneolithikum (Altheimer Gruppe, Michelsberger Kultur, Pfyner Gruppe, Cortaillodkultur, Baalberger Gruppe, Trichterbecherkultur), 4400–3400 v. Chr.
**Verbreitung:** Südskandinavien bis Schweiz.
**Literatur:** Brandt K. H. 1967, 20–27, Taf. 3; Nilius 1971, 64–68, Karte XI, Taf. 51,a–c; Willms 1982; Nelson 1988, 76–79; Zápatocký 1992, 20–48; Schlichterle 1995, 83–84, Abb. 72,1–2.

### 2.2.3. Gemeineuropäische Hammeraxt

**Beschreibung:** Der Axtkörper ist gekrümmt, die Schneide geschwungen und das Nackenende zy-

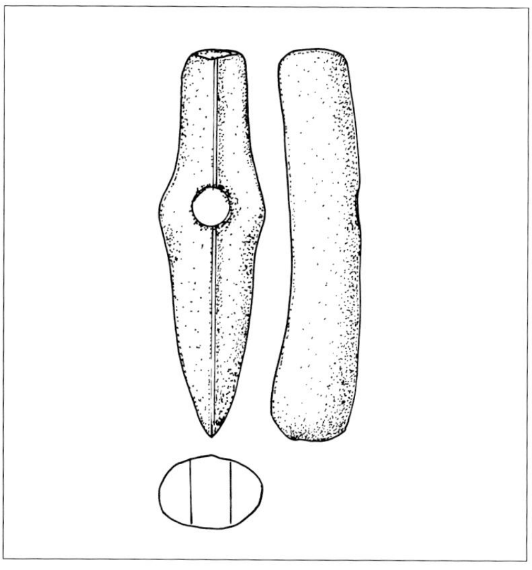

2.2.3.

lindrisch. Der Querschnitt ist oval bis flachoval. Häufig findet sich eine Leiste auf der Oberseite. Die Schaftlochverstärkung ist bogenförmig, z.T. auch scharfkantig.
**Synonym:** A-Axt.
**Datierung:** Endneolithikum (Einzelgrabkultur, Kultur mit Schnurkeramik, Einheitshorizont), 2800–2500 v. Chr.
**Verbreitung:** Ost- und Mitteleuropa, Südskandinavien.
**Literatur:** Struve 1955, 13–41, Taf. 1; Brandt K. H. 1967, 43–49, Taf. 6; Hoof 1970, 97–104; Dresely 2004, 84, Taf. 28,1.

### 2.2.4. Facettierte Hammeraxt

**Beschreibung:** Der Axtkörper hat einen ovalen bis abgerundet viereckigen Querschnitt und ist facettiert. Der Nackenteil ist zylindrisch oder konisch. Die Schaftlochverstärkung ist meist scharfkantig.
**Synonym:** Facettenaxt, mitteldeutsche Hammeraxt, facettierte Streitaxt.
**Datierung:** Endneolithikum (Kultur mit Schnurkeramik, ohne Einheitshorizont), 2500–2200 v. Chr.
**Verbreitung:** Hauptverbreitung in Mitteldeutschland, aber auch in Hessen und im Niederrhein-Maas-Gebiet.
**Literatur:** Brandt K. H. 1967, 77–81, Taf. 11; Hoof 1970, 94–95; Dresely 2004, 42, Taf. 13,9.

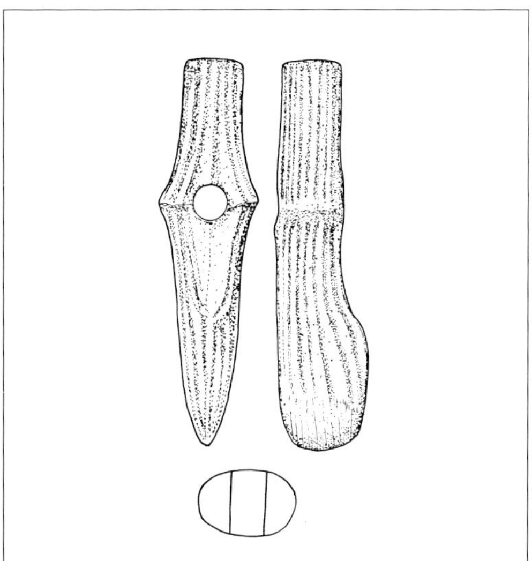

*2.2.4.*

### 2.2.5. Fünfeckige Axt

**Beschreibung:** Der Axtkörper ist in der Aufsicht fünfeckig. Nacken- und Schneidenteil haben einen quadratischen bis rechteckigen Querschnitt. Zum Teil sind die Äxte mit kreuzförmigen Zeichen versehen.

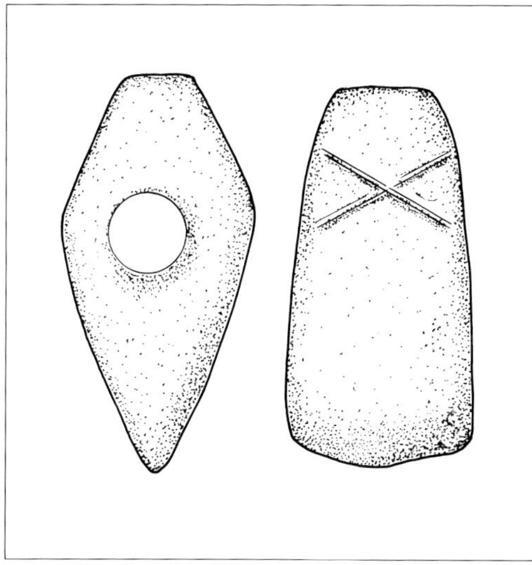

*2.2.5.*

**Synonym:** Axt vom Lausitzer Typ.
**Datierung:** jüngere bis späte Bronzezeit, Periode IV bis VI, 1100–550 v. Chr.
**Verbreitung:** Nordwesteuropa, Südskandinavien, Nordostdeutschland, Polen.
**Literatur:** Baudou 1960, 47–49; Tackenberg 1974, 3–7, Taf. 1; Brandt K. H. 1996, 393.
**Anmerkung:** Diese Axtform wird von Brandt unter den Rechtwinkligen Äxten mit geradem Blatt, Form 4 (Fremdformen) geführt. Nach Brandts Definition haben rechtwinklige Äxte immer einen kegelstumpfartigen Nackenknauf, welcher den fünfeckigen Äxten aber fehlt.

## 2.3. Doppelaxt

Die Doppeläxte, die auch als doppelschneidige Streitäxte bezeichnet werden, weisen in der reinen Form zwei sich gegenüberliegende Schneiden auf. Bei den Amazonenäxten (2.3.2.) kommen neben Objekten mit Doppelschneiden aber auch häufig Stücke vor, bei denen die eine »Schneide« abgestumpft ist.

Allgemein ist festzustellen, dass die Gruppe der Doppeläxte recht heterogen ist. So gibt es Äxte mit und ohne Schaftlochverstärkung, mit einfachem Schaftloch oder Schafttülle. Auch die Ausformung der Schneiden ist sehr unterschiedlich. So zeigen die Amazonenäxte (2.3.2.) teilweise sehr stark ausschwingende Schneiden, die Lanzettäxte (2.3.3.) dagegen haben nur leicht ausgestellte Schneidenteile. Allen gemeinsam ist das mittelständige Schaftloch.

Das von Zápatocký geprägte Synonym »D-Axt« (1992, 120) für die Doppeläxte sollte nicht verwendet werden, da eine jütländische Streitaxtform (2.6.3.) so benannt ist.

### 2.3.1. Doppelaxt vom Hannoverschen Typ

**Beschreibung:** Die Lochseiten sind eben, Schneiden- und Nackenteil laden deutlich aus. Die Schaftlochtülle ist kurz und röhrenförmig. Äxte dieses Typs weisen eine Mittelrippe und rillenverzierte Seitenflächen auf.
**Synonym:** Hannoversche Streitaxt; Doppelaxt Typ A nach Brandt.
**Datierung:** Spätneolithikum bzw. Nordisches Mittelneolithikum (Salzmünder Kultur, Trichterbecherkultur), 3500–2800 v. Chr.
**Verbreitung:** Niedersachsen, Sachsen-Anhalt.
**Literatur:** Herfert 1962, 1101; Brandt K. H. 1967, 34–43, Taf. 5,3; Nelson 1988, 76–79, Abb. 29; Schirren 1997, 24.

### 2.3.2. Amazonenaxt

**Beschreibung:** Typisch sind die beiden stark ausladenden Schneidenpartien, die halbkreisförmige Scheiben bilden. Häufig ist aber auch eine der Schneiden gratförmig, oft auch abgestumpft, so dass sie eigentlich den Nacken bildet. Die beiden Schneidenteile sind deutlich vom restlichen Axtkörper abgesetzt.
**Synonym:** Doppelaxt Typ B nach Brandt.
**Datierung:** Spätneolithikum bzw. Nordisches Mittelneolithikum II bis IV (Bernburger Kultur, Trichterbecherkultur), 3400–2800 v. Chr.

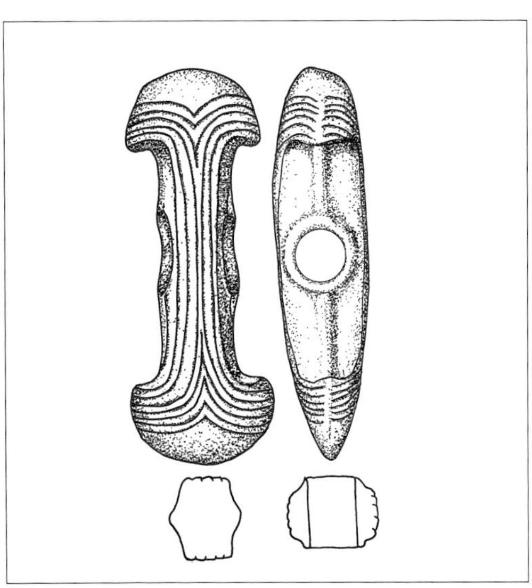

*2.3.1.*

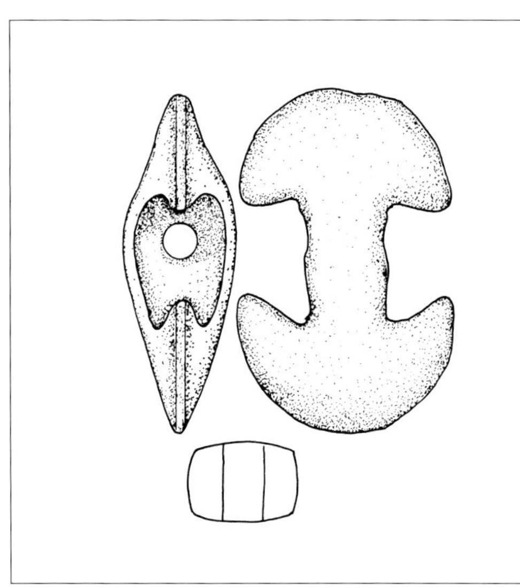

*2.3.2.*

**Verbreitung:** Südskandinavien, Nord- und Mitteldeutschland.
**Literatur:** Herfert 1962, 1101–1102; Nilius 1971, 72–74; Nelson 1988, 76–79, Abb. 29; Brandt K. H. 1967, 36–42, Taf. 5,5; Schirren 1997, 26; Dirks 2000, 88.

### 2.3.3. Lanzettaxt

**Beschreibung:** Lanzettäxte sind doppelschneidige, in der Aufsicht spitzovale bis spitzrhombische Äxte. Sie haben einen quadratischen bis rechteckigen, scharfkantigen Querschnitt. Die Schmalseiten sind gerade oder leicht konvex. Das mittelständige Schaftloch ist rund oder oval.
**Synonym:** lanzettförmige Doppelaxt.
**Datierung:** Spätneolithikum bis Frühbronzezeit (u.a. jüngere Horgener Kultur, späte Chamer Kultur, Goldberg-III-Gruppe, Seine-Oise-Marne-Kultur), 3000–2000 v. Chr.
**Verbreitung:** Süddeutschland (besonders im Bodenseegebiet), Schweiz, Frankreich, Thüringen und mittleres Saalegebiet, selten in Österreich, Böhmen und Polen.
**Literatur:** Maier 1964a, 19–27, Abb. 1; Beran 1990; Hochuli 2000; Wischenbarth 2002; Schmitsberger 2003.

**Anmerkung:** Die Doppelaxt mit 1,20 m langem verziertem Holzschaft aus dem Zugersee gehört mit einem kalibrierten C14-Datum um 4200 v. Chr. zu den Vorformen dieses Axttyps (Hochuli 2000).

#### 2.3.3.1. Axt vom Typ Halfing-Linz

**Beschreibung:** Die Breitseiten sind konkav, die Seitenflächen eher konvex geschliffen. In der Seitenansicht erkennt man die symmetrische Verbreiterung in Richtung der beiden Schneiden. Das mittelständige Schaftloch hat eine rundbogige Schaftlochverstärkung. Die relativ großen Äxte sind häufig rillenverziert.
**Synonym:** Axt Gruppe Halfing-Linz.
**Datierung:** Endneolithikum (Chamer Kultur), 3500–2700 v. Chr.
**Verbreitung:** Süddeutschland, Oberösterreich.
**Literatur:** Maier 1964b, 120–128, Abb. 89; Beran 1990; Schmitsberger 2003; Steffan/Uenze 2003, 25; 179, Nr. 276, Abb. 2.
**Anmerkung:** Auch wenn die Daten zum größten Teil ins Spätneolithikum fallen, wird die Chamer Kultur in Bayern traditionell dem Endneolithikum zugerechnet.

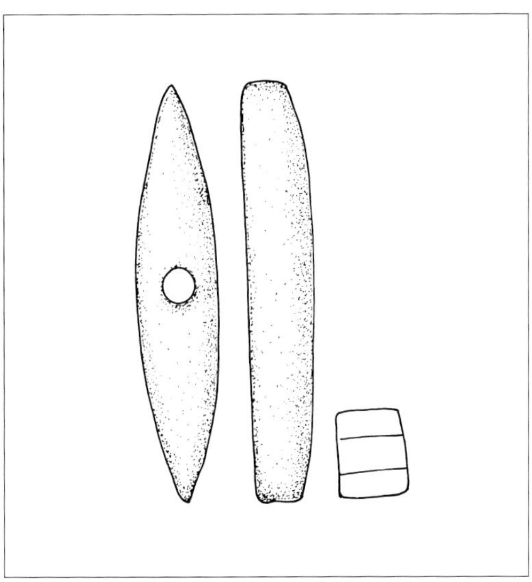

*2.3.3.*

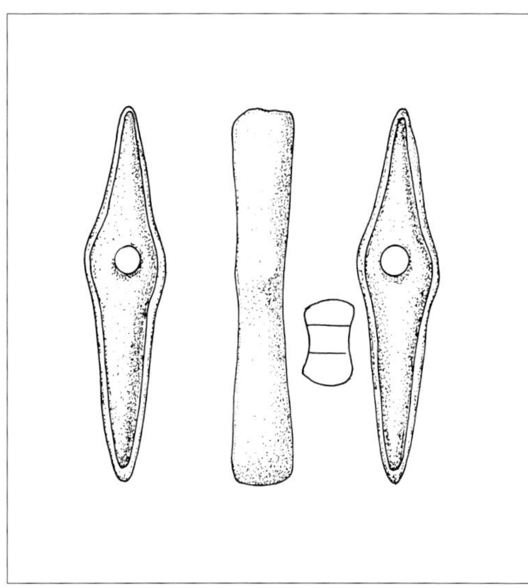

*2.3.3.1.*

## 2.4. Rundnackige Axt

**Beschreibung:** Die Äxte haben ebene Schaftlochseiten, einen annähernd rechteckigen Querschnitt und einen runden Nacken. Das Schaftloch ist meist zum Nacken hin versetzt. Die Nacken- und Seitenbahnen sind entweder gar nicht oder nur wenig gewölbt, allerdings kommen auch Stücke mit Graten in diesen Bereichen vor. Selten sind regelrechte Leisten auf der Mitte von Nacken- und Seitenbahn. Einige Stücke weisen Rillen an den Seiten des Nackenteiles auf.

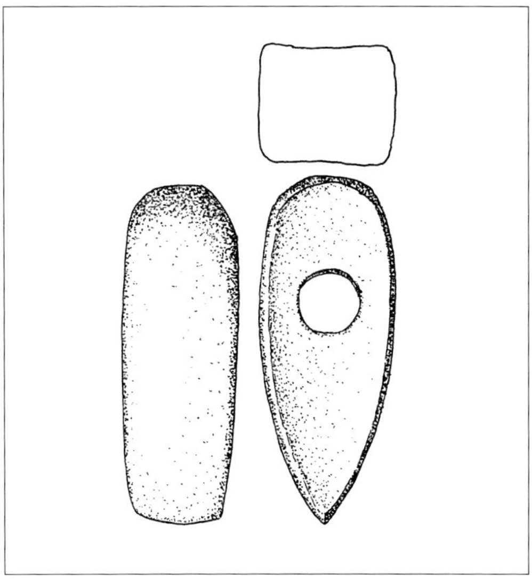

*2.4.*

**Synonym:** rundovale Hammeraxt; Arbeitsaxt mit rundem Nacken.
**Untergeordnete Begriffe:** Troldebjerg-Fredsgaardaxt; mitteldeutsche Rundnackenaxt vom Sächsischen Typ.
**Datierung:** Jung- bis Spätneolithikum (u.a. Baalberger Kultur, Salzmünder Gruppe, Horgener Kultur, Altheimer Kultur), 3800–2800 v. Chr. (evtl. bis in die Bronzezeit reichend).
**Verbreitung:** Nord-, Mittel- und Westeuropa.
**Literatur:** Jacob-Friesen 1924, 31; Herfert 1962, 1098, Taf. I,3–4; II,1–4; III,1–4; Maier 1964b, 122–128, Abb. 90–92; Preuß 1966, 28–29, Taf. 54,q; Nilius 1971, 71–72, Taf. 52,a–d; Ebbesen 1975, 174–178, Fig. 144; Schwab 1982, 25, Abb. 17,2–3; Beran 1995, Abb. 5; Dirks 2000, 87–88.

## 2.5. Nackenkammaxt

**Beschreibung:** Äxte dieses Typs haben einen schmalen, geraden Axtkörper und eine schmale bis symmetrisch verbreiterte Schneide. Der Axtkörper ist im Querschnitt rechteckig. Charakteristisch ist der Nackenkamm. Das Schaftloch befindet sich im letzten Drittel, oft nahe am Nackenkamm.

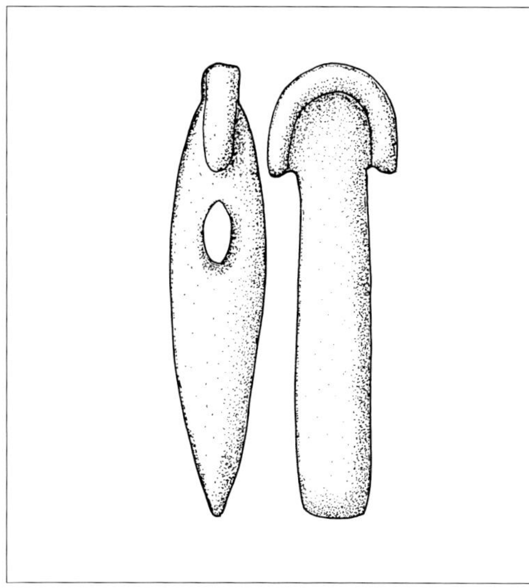

*2.5.*

**Synonym:** Axt mit Nackenkamm.
**Datierung:** Spätneolithikum bzw. Nordisches Mittelneolithikum (Kugelamphorenkultur, späte Trichterbecherkultur), 3200–2300 v. Chr.
**Verbreitung:** Nord- und Mitteldeutschland, Dänemark.
**Literatur:** Herfert 1962, 1102–1104, Taf. XII; Nilius 1971, 74–76, Taf. 53,c–d; Brandt K. H. 1980; Beier 1988, 33, Taf. 82,6.8.9; Zápatocký 1992, 136–143; Schirren 1997, 26.

## 2.6. Jütländische Streitaxt

Die jütländischen Streitäxte haben ihre Bezeichnung aufgrund ihrer Herkunft und Verbreitung erhalten. Ihre chronologische Abfolge bzw. Gleichzeitigkeit ist über die jütländischen Gräber belegt. Entsprechend dieser Abfolge werden die jütländischen Streitäxte auch als B- bis K-Äxte bezeichnet. Wie aus den alternativen Typenbezeichnungen zu erkennen ist, handelt es sich hier aber um eine sehr heterogene Gruppe von Äxten. Die Oberseiten können konvex, gerade oder konkav sein. Auch innerhalb der Typen können symmetrische und asymmetrische Formen vorkommen. Die Nackenausbildungen sind gelegentlich Merkmal eines Typs (2.6.9.), können aber innerhalb eines Typs auch sehr variabel sein (2.6.3.). Meist treten Schaftlochverstärkungen auf, die auch scharfkantig sein können. Der Querschnitt der Äxte ist häufig annähernd rechteckig, z.T. auch rundoval. Das Schaftloch liegt in der Regel relativ mittig, nur bei den Äxten mit zusammengekniffenem Nacken (2.6.9.) ist es deutlich in Richtung Nacken versetzt.

### 2.6.1. Ältere Konvexaxt

**Beschreibung:** Die Oberseite dieses Axttyps ist konvex, Schneide und Nacken sind leicht geschweift. Das Schaftloch befindet sich ungefähr in der Axtmitte, die Schaftlochverstärkung ist scharfkantig. Der Axtkörper hat einen annähernd rechteckigen Querschnitt.
**Synonym:** B-Axt.
**Datierung:** Nordisches Mittelneolithikum bzw. Endneolithikum (jüngere Untergrabzeit, Einzelgrabkultur), 2700–2600 v. Chr.
**Verbreitung:** Jütland, Schleswig-Holstein, Niedersachsen, selten Niederlande.
**Literatur:** Struve 1955, 15–41, Taf. 1; Brandt K. H. 1967, 50–53, Taf. 7,1–4; Hoof 1970, 96–104; Pape 1981, 36–39; Nelson 1988, 173–181.

### 2.6.2. Ungeschweifte Axt

**Beschreibung:** Der Axtkörper ist vollkommen gerade, es gibt keine Schweifung von Schneide und Nacken. Die größte Höhe besteht an der Schneide, zum Nacken hin werden die Äxte dünner. Das Schaftloch liegt ungefähr in der Mitte, die Schaftlochverstärkung ist bogig bis scharfkantig. Der Querschnitt der Äxte ist annähernd rechteckig.
**Synonym:** C-Axt.
**Datierung:** Nordisches Mittelneolithkum bzw. Endneolithikum (jüngere Untergrabzeit, Einzelgrabkultur, Kultur mit Schnurkeramik), 2700–2600 v. Chr.

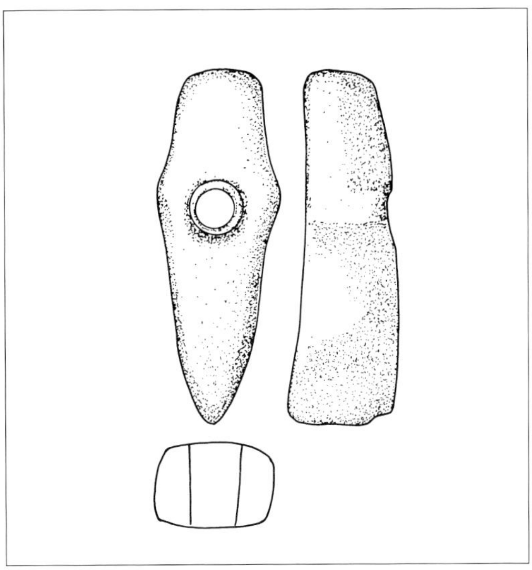

2.6.1.

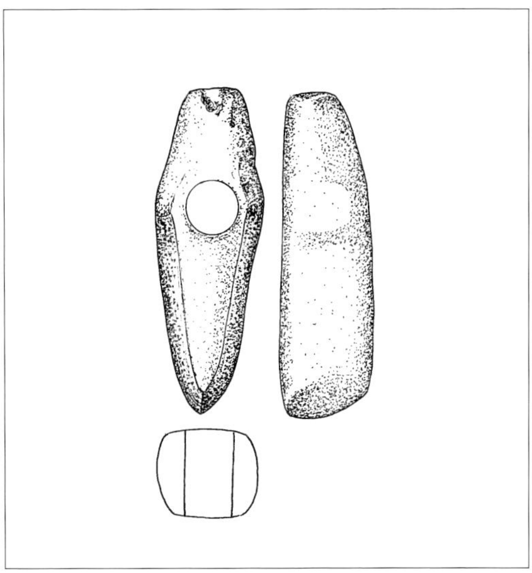

2.6.2.

**Verbreitung:** Jütland, Norddeutschland, Mitteldeutschland.
**Literatur:** Struve 1955, 16–41, Taf. 1; Brandt K. H. 1967, 53–55, Taf. 7,5–8; Hoof 1970, 96–104; Nelson 1988, 173–181.

### 2.6.3. Unsymmetrische Konkavaxt

**Beschreibung:** Die Schneide dieser Äxte ist weiter nach unten gezogen als der Nacken, die Unterseite ist konkaver als die Oberseite. Es gibt weder Loch-, noch Längsachsensymmetrie. Die Nackenausbildung ist sehr variabel, der Querschnitt des Axtkörpers ist annähernd rechteckig.

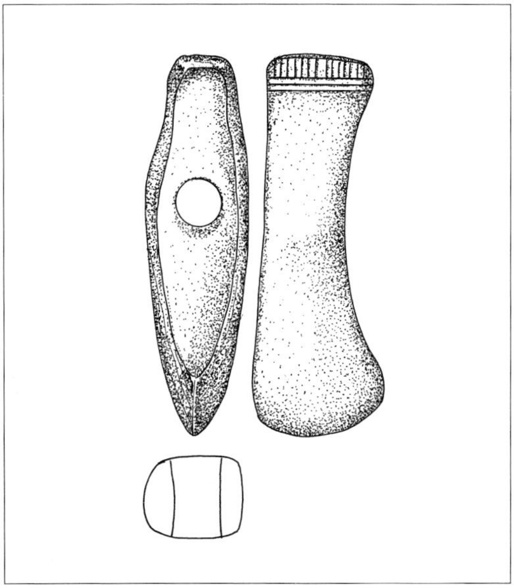

2.6.3.

**Synonym:** D-Axt.
**Datierung:** Nordisches Mittelneolithikum bzw. Endneolithikum (jüngere Untergrabzeit, Einzelgrabkultur), 2700–2600 v. Chr.
**Verbreitung:** Jütland, Schleswig-Holstein, Niedersachsen.
**Literatur:** Struve 1955, 17–41, Taf. 1; Brandt K. H. 1967, 55–57, Taf. 8,1–2; Hoof 1970, 96–104; Pape 1981, 36–39; Nelson 1988, 173–181.

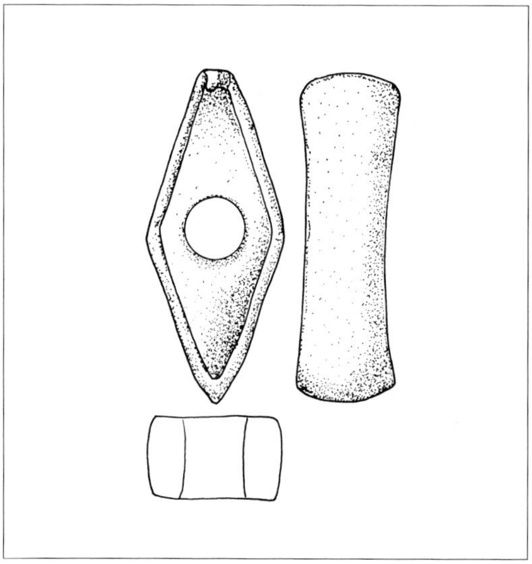

2.6.4.

### 2.6.4. Symmetrische Konkavaxt

**Beschreibung:** Schneide und Nacken sind symmetrisch, meist besteht auch eine Lochachsensymmetrie. Die Nackenausbildung ist sehr variabel. Der Axtkörper ist im Querschnitt annähernd rechteckig.
**Synonym:** E-Axt.
**Datierung:** Nordisches Mittelneolithikum bzw. Endneolithikum (jüngere Untergrabzeit, Einzelgrabkultur), 2700–2600 v. Chr.
**Verbreitung:** Jütland, Schleswig-Holstein, Niedersachsen.
**Literatur:** Struve 1955, 17–41, Taf. 1; Brandt K. H. 1967, 55–57, Taf. 8,3–4; Hoof 1970, 96–104; Pape 1981, 36–39; Nelson 1988, 173–181.

### 2.6.5. Axt mit gerader Oberseite

**Beschreibung:** Die im Querschnitt annähernd rechteckigen Äxte haben eine gerade oder schwach konkave Oberseite und eine stark konkave Unterseite. Die Umrissformen sind sehr variabel.
**Synonym:** F-Axt.

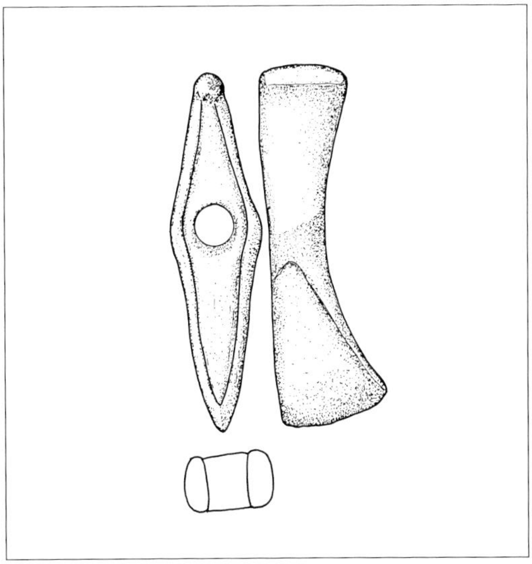

2.6.5.

**Datierung:** Nordisches Mittelneolithikum bzw. Endneolithikum (Bodengrabzeit, Einzelgrabkultur, Kultur mit Schnurkeramik), 2600–2450 v. Chr.
**Verbreitung:** Jütland, Norddeutschland, Mitteldeutschland.
**Literatur:** Struve 1955, 19–41, Taf. 1; Brandt K. H. 1967, 57–59, Taf. 8,6; Pape 1981, 36–39; Nelson 1988, 173–181.

## 2.6.6. Axt mit gebuckelten Lochseiten

**Beschreibung:** Dieser Axttyp weist durch Ausbuchtungen am Schaftloch gebuckelte Lochseiten auf. Der Querschnitt ist oval bis annähernd rechteckig.
**Synonym:** G-Axt.
**Datierung:** Nordisches Mittelneolithikum bzw. Endneolithikum (Bodengrabzeit, Einzelgrabkultur, Kultur mit Schnurkeramik), 2600–2450 v. Chr.
**Verbreitung:** Jütland, Norddeutschland, Mitteldeutschland.
**Literatur:** Struve 1955, 21–41, Taf. 1; Brandt K. H. 1967, 59–60, Taf. 8,5.7–8; Nelson 1988, 173–181.

## 2.6.7. Jüngere Konvexaxt

**Beschreibung:** Die Äxte haben eine stark konvexe Oberseite und eine konkave Unterseite. Sowohl symmetrische wie asymmetrische Formen sind vorhanden. Die Schaftlochverstärkung ist bogig bis leicht kantig. Im Querschnitt ist der Axtkörper oval bis annähernd rechteckig.
**Synonym:** H-Axt.
**Datierung:** Nordisches Mittelneolithikum bzw. Endneolithikum (Bodengrabzeit, Einzelgrabkultur, Kultur mit Schnurkeramik), 2600–2450 v. Chr.
**Verbreitung:** Jütland, Norddeutschland, Mitteldeutschland.

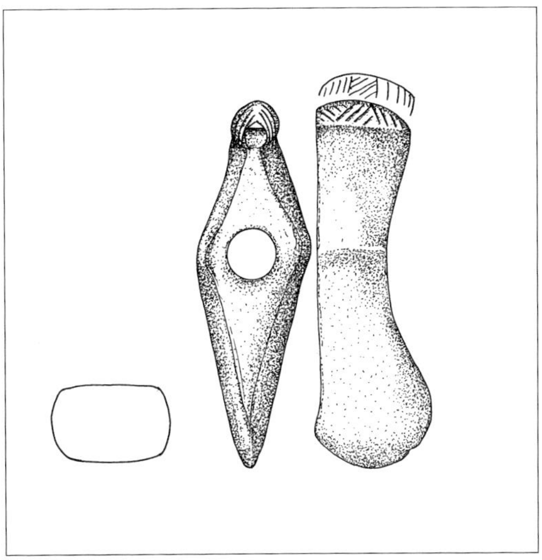

2.6.6.

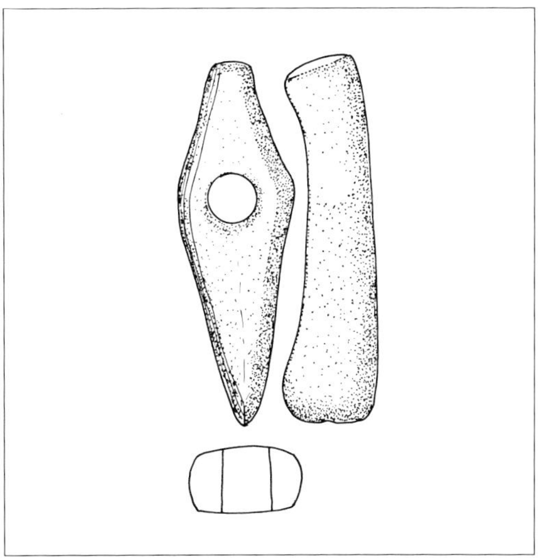

2.6.7.

**Literatur:** Struve 1955, 22–41, Taf. 1; Brandt K. H. 1967, 60–64, Taf. 9; Pape 1981, 36–39; Nelson 1988, 173–181.

### 2.6.8. Bootsaxt

**Beschreibung:** Bootsäxte haben eine konvexe Oberseite und eine gebuckelte Unterseite. Scharfkantige Schaftlochverstärkungen kommen nicht vor. Nacken und Schneide sind symmetrisch. Der Querschnitt ist rundoval bis abgerundet viereckig.

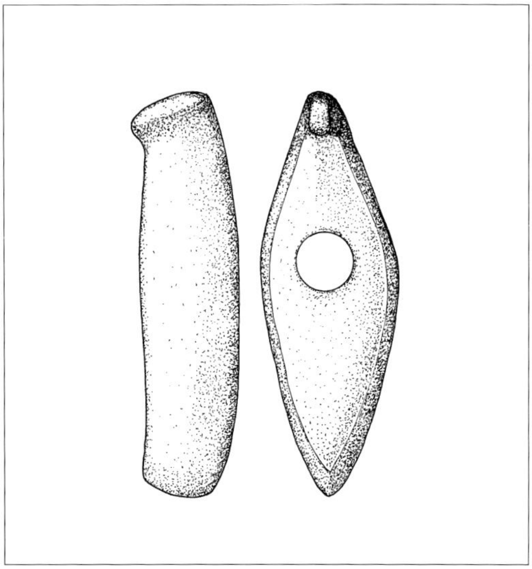

*2.6.8.*

**Synonym:** I-Axt.
**Datierung:** Nordisches Mittelneolithikum bzw. Endneolithikum (jüngere Bodengrabzeit bis Obergrabzeit, Einzelgrabkultur, Kultur mit Schnurkeramik), 2450–2300 v. Chr.
**Verbreitung:** Jütland, Norddeutschland, Mitteldeutschland.
**Literatur:** Struve 1955, 23–41, Taf. 1; Brandt K. H. 1967, 64–65, Taf. 10,2–3; Hoof 1970, 96–104; Pape 1981, 36–39; Nelson 1988, 173–181.

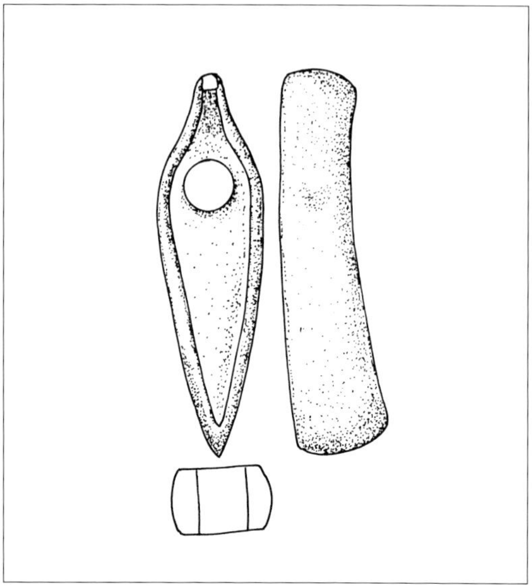

*2.6.9.*

### 2.6.9. Axt mit zusammengekniffenem Nacken

**Beschreibung:** Äxte dieses Typs besitzen einen zusammengekniffenen Nacken und ein weit zurückgezogenes Schaftloch. Der Axtkörper ist schwach oder gar nicht geschweift, im Querschnitt ist er langrechteckig.
**Synonym:** K-Axt.
**Datierung:** Nordisches Mittelneolithikum bzw. Endneolithikum (jüngere Bodengrabzeit bis Obergrabzeit, Einzelgrabkultur, Kultur mit Schnurkeramik), 2450–2300 v. Chr.
**Verbreitung:** Jütland, Norddeutschland, Mitteldeutschland, selten Polen.
**Literatur:** Struve 1955, 24–41, Taf. 1; Brandt K. H. 1967, 65–68, Taf. 10,1.4–6; Hoof 1970, 96–104; Pape 1981, 36–39; Nelson 1988, 173–181.

## 2.7. Nackengebogene Axt

Die jung- bis spätbronzezeitlichen Steinäxte haben einen gebogenen Nackenteil, der entweder in einem rundlichen (2.7.1.) oder einem kegelstumpfförmigen (2.7.2.) Nackenknauf endet. Da

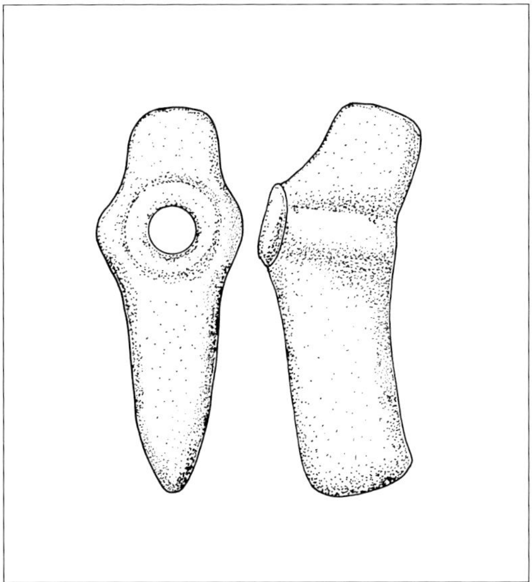

*2.7.1.*

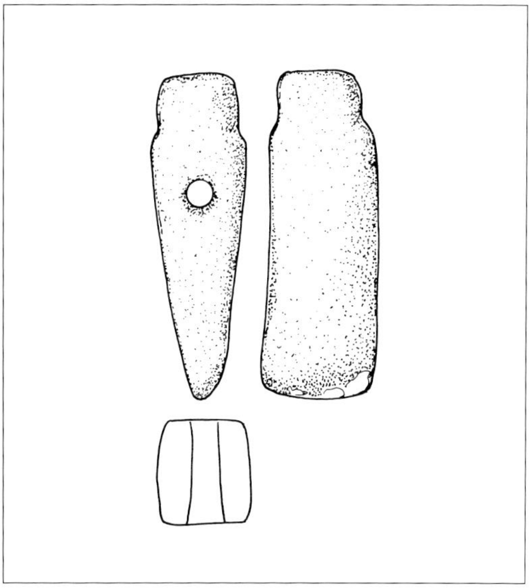

*2.7.2.*

sowohl Schneiden-, als auch Nackenbereich abwärts gebogen sind, werden eine konkave Unter- und eine konvexe Oberseite gebildet.

### 2.7.1. Nackengebogene Axt mit Schaftlochtülle und gebogenem Nackenknauf

**Beschreibung:** Ebenso wie der Schneidenteil ist auch der Nackenzapfen abwärts geneigt, so dass die Unterseite deutlich konkav, die Oberseite konvex ist. Der Nackenknauf hat einen runden bis ovalen Querschnitt. Der Schneidenteil ist zwei- bis viermal so lang wie der Nackenteil. Ein- und beidseitige Schaftlochtüllen sind möglich.
**Datierung:** jüngere bis späte Bronzezeit, Periode IV bis VI, 1100–550 v. Chr.
**Verbreitung:** Nordwestdeutschland, vereinzelte Stücke in Südskandinavien, Schleswig-Holstein, Hessen, Polen und Süddeutschland.
**Literatur:** Baudou 1960, 47–49; Brandt K. H. 1973; Tackenberg 1974, 12–30, Taf. 7,1; Horst 1985, 99–123, Abb. 1,a–c.

### 2.7.2. Nackengebogene Axt mit geradem kegelstumpfförmigem Nackenknauf

**Beschreibung:** Der Schneidenteil ist etwas abwärts geneigt. Typisch ist der gerade kegelstumpfförmige Nackenknauf. Der Querschnitt des Axtkörpers ist in der Regel annähernd rechteckig.
**Synonym:** rechtwinklige Axt.
**Datierung:** jüngere bis späte Bronzezeit, Periode IV bis VI, 1100–550 v. Chr.
**Verbreitung:** Nordwesteuropa, Südskandinavien, Nordostdeutschland, einzelne Stücke bis nach Hessen und Rheinland-Pfalz.
**Literatur:** Baudou 1960, 47–49; Horst 1985, 99–123, Abb. 2,a–c; Brandt K. H. 1996, 373–408.

## 3. Äxte aus Buntmetall

### 3.1. Axt mit einfachem Schaftloch

Unter diesem Typ werden alle Äxte zusammengefasst, die keine Schaftlochtülle oder -röhre besitzen. Die Gruppe ist sehr heterogen und umfasst die kupfernen Doppeläxte vom Typ Zabitz (3.1.1.1.) ebenso wie die bronzenen Schaftlochäxte und massiven Äxte (3.1.2. bis 3.1.4.). Während die Doppeläxte mittig ein kleines Schaftloch mit Schaftlochverstärkung aufweisen, sind die großen Schaftlöcher bei den Äxten vom Typ Fårdrup und den massiven Bronzeäxten deutlich in Richtung Nacken verschoben. Auffällig ist die oft reiche Verzierung dieser Artefaktgruppe.

### 3.1.1. Doppelaxt

Doppeläxte oder auch doppelschneidige Äxte haben zwei einander gegenüberliegende Schneiden, die gleich gerichtet sind. Im Arbeitsgebiet ist nur der Typ Zabitz in relevanter Menge vertreten, der durch sein kleines Schaftloch und die oft stumpfen Schneiden nicht als Arbeitsgerät geeignet ist.

#### 3.1.1.1. Doppelaxt Typ Zabitz

**Beschreibung:** Die schmalen Äxte haben zwei einander gegenüberliegende, gleich gerichtete Schneiden und in der Mitte ein relativ kleines Schaftloch. Der flache, langgestreckte Körper ist in der Seitenansicht annähernd sanduhrförmig oder nahezu rechteckig. Nur im Bereich des Schaftloches wird er etwas dicker. Die Äxte können verziert sein. Einige Stücke weisen stumpfe Schneiden auf.
**Material:** fast reines Kupfer.
**Datierung:** Endneolithikum (Spätphase der Einzelgrabkultur, nach Laux) bzw. Endneolithikum bis Frühbronzezeit (Glockenbecherkultur bis beginnende Adlerberggruppe, nach Kibbert), 2500–2000 v. Chr.
**Verbreitung:** Verbreitungsschwerpunkte in Mitteldeutschland und am Mittelrhein, weiterhin Frankreich, Schweiz, Nord- und Süddeutschland.
**Literatur:** Angeli 1953; Kibbert 1980, 35–54, Taf. 2–3; Laux 2000, 188–190, Taf. 71,1053–1057.

### 3.1.2. Schaftlochaxt Typ Fårdrup

**Beschreibung:** Die in der Aufsicht spitzovalen bis schmal-rhomischen Äxte haben fast rechteckige Seitenflächen. Der Nacken ist relativ flach. Das Schaftloch ist in Richtung Nacken versetzt. Äxte dieses Typs sind meist ausgesprochen reich verziert.
**Material:** Bronze.
**Datierung:** Frühbronzezeit, Periode I, 1650–1550 v. Chr.

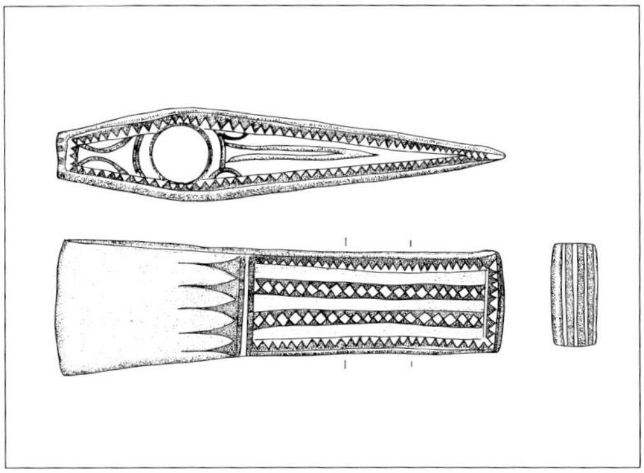

*3.1.2.*

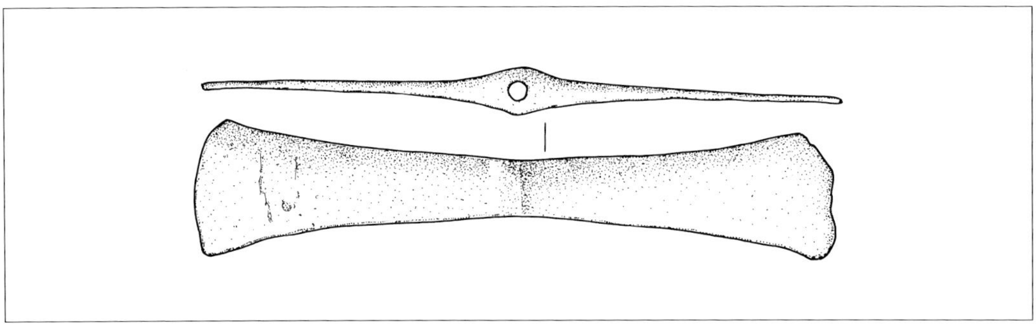

*3.1.1.1.*

**Verbreitung:** meist in Dänemark und im östlichen Schweden, seltener in anderen Gebieten Schwedens, in Norwegen und in Nord- und Mitteldeutschland.
**Literatur:** Schwarz 2004b, 178–179; Hachmann 1957, 67–69; Vandkilde 1996, 227–228, Fig. 240.

### 3.1.3. Schaftlochaxt Typ Nortycken

**Beschreibung:** Der Axtkörper ist schmal und hat einen kräftigen knaufartigen Nacken. Die Schneide ist ausladend und deutlich gewölbt. Die Breitseiten der Axt sind mit Rillen verziert.

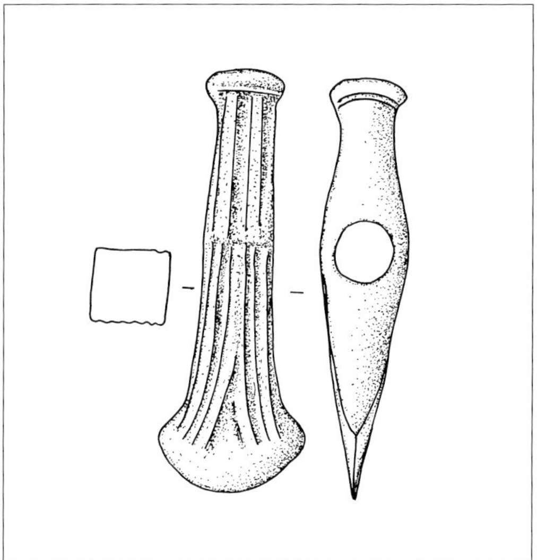

*3.1.3.*

**Material:** Bronze.
**Synonym:** Schaftlochaxt vom Nortyckener Typ; Nortyckener Axt; baltische Streitaxt.
**Datierung:** ältere bis mittlere Bronzezeit, Periode II bis III, 1500–1100 v. Chr.
**Verbreitung:** rund um die Ostsee, die westlichsten Exemplare stammen aus Schleswig-Holstein, Mecklenburg und Brandenburg.
**Literatur:** Kersten 1935, 82; Schubart 1972, 47, Taf. 88 A1, 3 G2; Laux 2000, 195–196, Taf. 72,1064.

### 3.1.4. Massive Bronzeaxt

**Beschreibung:** Kennzeichnend ist das relativ große Gewicht dieses Axttyps. Das große Schaftloch befindet sich oberhalb der Beilmitte, der Nacken ist relativ schmal. Äxte dieses Typs können verziert sein.
**Synonym:** Schwere Bronzeaxt.
**Datierung:** ältere Bronzezeit, Periode II, 1500–1300 v. Chr.
**Verbreitung:** Skandinavien, Norddeutschland.
**Literatur:** Laux 2000, 196–197, Taf. 73,1065–73,1067.

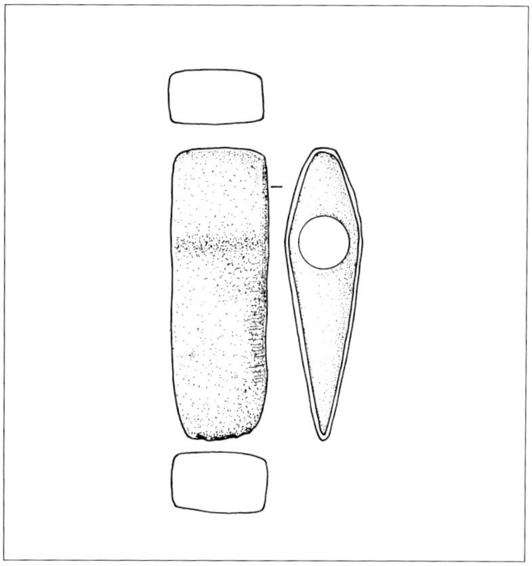

*3.1.4.*

## 3.2. Axt mit Schaftröhre oder Schafttülle

Diese Äxte haben ein- oder beidseitige Schafttüllen von unterschiedlicher Länge oder richtige Schaftröhren. Die Typen sind nur durch die Art der Schäftung miteinander verbunden, unterscheiden sich in ihrem Aussehen aber stark. So sind die Kreuzäxte (3.2.1.) und die Schaftröhrenäxte vom Typ Eschollbrücken (3.2.2.) als Kombinationsgeräte anzusprechen – einmal mit zusätzlicher Hackenschneide, einmal mit Hammerende – auch wenn sie wahrscheinlich nicht als Arbeitsgeräte genutzt wurden. Auch die Nackenkamm- und Nackenscheibenäxte (3.2.3. bis 3.2.4.) sind eher dem Bereich der Statussymbole oder Waffen zuzuordnen.

Bei den Schaftröhrenäxten vom Typ Eschollbrücken (3.2.2.) und den Nackenkammäxten (3.2.3.) können Metallstiele vorkommen, meist wurden sie aber, wie die übrigen Typen, mit Holzschäften versehen. Während die Kreuzäxte (3.2.1.) und die Schaftröhrenäxte vom Typ Eschollbrücken (3.2.2.) aus Kupfer sind, wurden die Nackenscheibenäxte (3.2.4.) aus Bronze gefertigt. Bei den Nackenkammäxten (3.2.3.) wurde meist Buntmetall, selten auch Edelmetall verwendet.

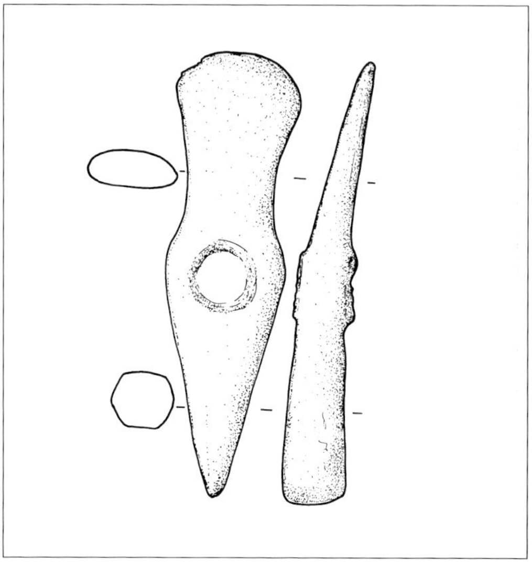

*3.2.1.*

### 3.2.1. Kreuzaxt

**Beschreibung:** Kreuzäxte haben kurze Schafttüllen und einen leicht gekrümmten Körper mit nach unten gezogener Axtschneide und ausschweifender Hackenschneide.
**Material:** Kupfer.
**Synonym:** kreuzschneidige Axt; kreuzschneidige Axthacke.
**Datierung:** Jungneolithikum, 4000–3600 v. Chr.
**Verbreitung:** Schwerpunkt in Südosteuropa, Richtung Norden einzelne Fundpunkte bis Mecklenburg streuend.
**Literatur:** Berlekamp 1956; Driehaus 1957; Klassen 2000, 116–121, Taf. 10,37; 20,92.

### 3.2.2. Schaftröhrenaxt Typ Eschollbrücken

**Beschreibung:** Charakteristisch sind die nach unten verbreiterte abgesetzte Schneide und die unter- oder zweiseitige Schaftröhre. Selten ist ein Metallstiel mit Schaftröhrenandeutung. Der langgestreckte, schlanke Axtkörper ist leicht nach unten gebogen mit rundem bis spitzovalem Querschnitt. Die Schneide ist stumpf. Der Nacken ist knaufartig oder als Nackenscheibe geformt. Die meisten Äxte sind verziert.

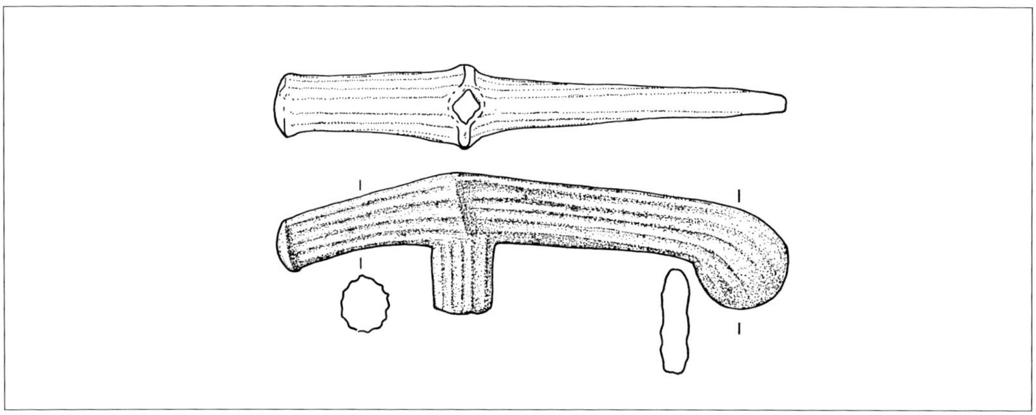

*3.2.2.*

**Material:** fast reines Kupfer.
**Synonym:** Streitaxt Typ Eschollbrücken; Hammeraxt vom Typ Eschollbrücken.
**Datierung:** Endneolithikum (Kultur mit Schnurkeramik), 2800–2200 v. Chr.
**Verbreitung:** meist Westdeutschland, seltener Hessen, Niedersachsen, Schweiz, Mähren.
**Literatur:** Jacob-Friesen 1970; Kibbert 1980, 23–35, Taf. 1; Laux 2000, 190–191, Taf. 72,1058–72,1059.

### 3.2.3. Nackenkammaxt

**Beschreibung:** Das Blatt ist zunächst schmal und schwingt dann gleichmäßig zur geschweiften Schneide. Der manchmal in zwei Zinken endende Nacken zieht so weit herunter, dass der Schaft umschlossen wird. Dieser war in der Regel aus Holz und hat sich nicht erhalten, gelegentlich kommen aber auch Metallschäfte vor.
**Material:** meist Buntmetall, aber auch goldene Exemplare sind vorhanden.
**Datierung:** Frühbronzezeit, 1750–1650 v. Chr.
**Verbreitung:** Südosteuropa bis Mitteldeutschland.
**Literatur:** Schwarz 2004a, 180–181; Schoknecht 1971.

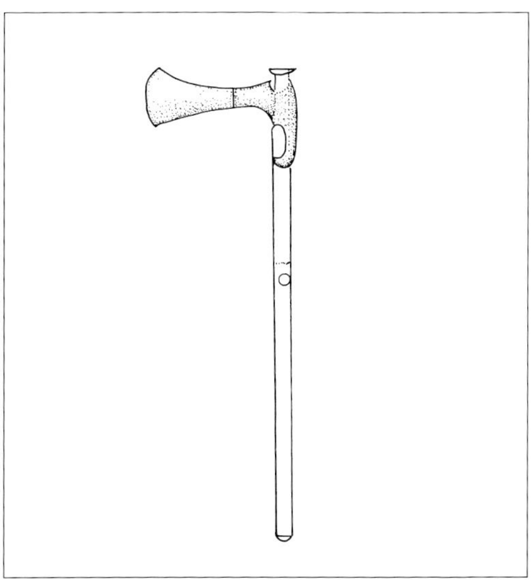

*3.2.3.*

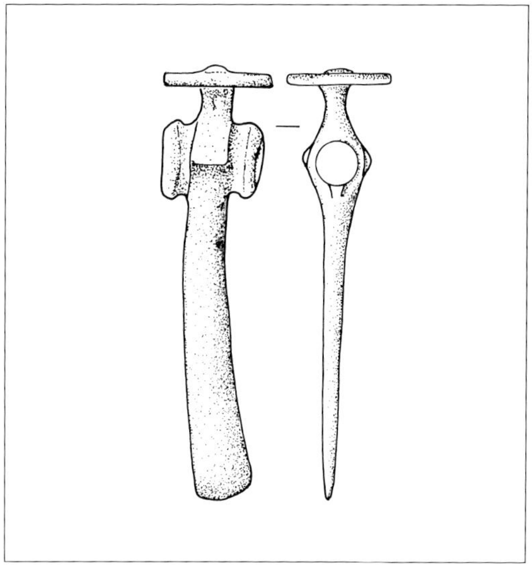

*3.2.4.*

### 3.2.4. Nackenscheibenaxt

**Beschreibung:** Die langen schmalen Äxte sind durch eine Nackenscheibe gekennzeichnet. Diese kann einen Mittelknopf oder eine hohe Dornscheibe tragen. Meist haben Nackenscheibenäxte eine Schaftröhre, die z.T. profiliert ist. Die Längen der Schaftröhren variieren stark. Nackenscheibenäxte können verziert sein.
**Material:** Bronze.
**Synonym:** Axt mit Nackenscheibe.
**Datierung:** mittlere bis späte Bronzezeit, Bz C bis D, 1500–1200 v. Chr.
**Verbreitung:** Karpatenbecken bis Böhmen, Polen, Österreich und Süd- und Mitteldeutschland.
**Literatur:** Laux 2000, 194–195, Taf. 72,1063; Pászthory/Mayer 1998, 22–23, Taf. 1,5-6.8; Vulpe 1970, 13–25.

## 4. Äxte aus Eisen

### 4.1. Axt mit einfachem Schaftloch

Äxte mit einfachem Schaftloch weisen weder Schaftlochlappen noch Tüllen an selbigem auf. Allen Typen gemeinsam ist die in der Aufsicht auf die Lochseite sehr schmale Form des Axtkörpers. Die Schaftlöcher sind weit in Richtung Nacken versetzt. Während bei den Schmaläxten (4.1.2.) die Oberkante in der Seitenansicht mehr oder weniger gerade verläuft, ist sie bei den Bartäxten (4.1.3.) und den Breitäxten (4.1.4.) ausschwingend. Bei den Schaftlochäxten (4.1.1.) sind beide Varianten innerhalb des Typs möglich. Einen Sonderfall stellen die Franzisken (4.1.5.) dar, deren Oberseite doppelt geschwungen ist, wobei es auch unter den Bartäxten (4.1.3.) eine Untergruppe mit S-förmig geschwungener Oberseite gibt. Entsprechend der Ausformung der Unterseite gibt es sehr unterschiedliche Schneidenformen, die von sehr schmal bei den Schmaläxten (4.1.2.) bis zu sehr breit bei den Bartäxten (4.1.3.) reichen.

### 4.1.1. Schaftlochaxt

**Beschreibung:** In der Aufsicht ist der Axtkörper schmal keilförmig. Das Schaftloch kann rund oder oval sein. Es ist relativ groß und sehr weit zum gerundeten Nacken hin versetzt. Entweder ist die Oberkante gerade, während die Unterkante deutlich nach unten zieht oder die Seiten schwingen mehr oder weniger gleichmäßig nach oben und unten aus.

**Datierung:** späte Eisenzeit, La D, 150–15 v. Chr. (Vorkommen wohl schon ab der Mittellatènezeit, aber keine genaue zeitliche Eingrenzung möglich).

**Verbreitung:** Mittel- und Westeuropa.

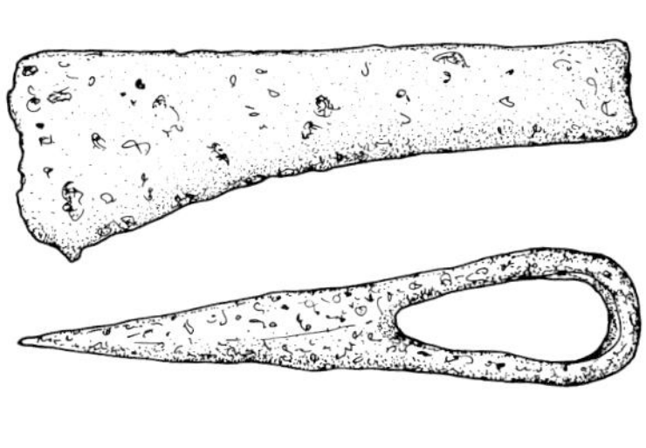

*4.1.1.*

**Literatur:** Jacobi 1977, 23, Taf. 17,9–16; Kurz 1995, 26, Anm. 113; Wieland 1996, 105, Taf. 5A,4.6; Spehr 2005, 69, Abb. 20,4–6.

**Anmerkung:** Gelegentlich werden auch Breitäxte des 5. und 6. Jh. n. Chr. als Schaftlochäxte bezeichnet, wohl wenn ihre Schneide sich nicht völlig symmetrisch zu beiden Seiten hin verbreitert. Dies wird aber sehr uneinheitlich angewandt (Böhner 1958, 173, Taf. 33,4–6 = Typ Trier A; Koch 2001, Taf. 9,7; Damminger 2002, 72, Taf. 10B5).

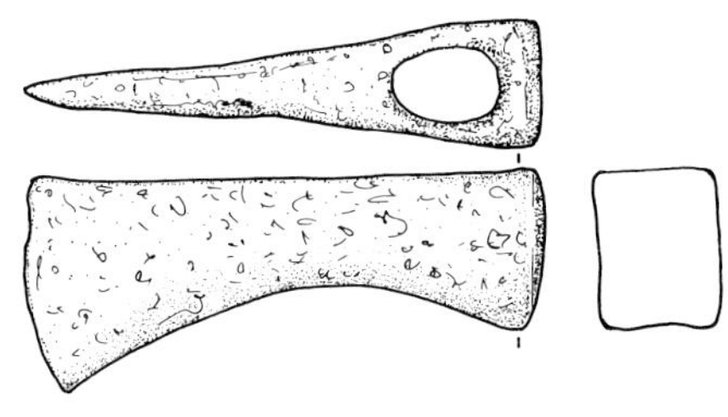

*4.1.2.*

### 4.1.2. Schmalaxt

**Beschreibung:** Typisch für diese Äxte sind der schmale Axtkörper und die schmale Schneide. Die Axtlänge beträgt mehr als das 1 1/2 fache der Schneidenbreite. Während die Oberkante in der Regel mehr oder weniger gerade verläuft, schwingt die Unterkante leicht aus. Das Schaftloch ist relativ weit in Richtung des kantigen Nackens hin versetzt.

**Datierung:** Römische Kaiserzeit bis Frühmittelalter (in einigen Gegenden auch länger), 1.–Anfang 10. Jh. n. Chr.

**Synonym:** Typ NH 1 (nach Künzl).

**Verbreitung:** Mittel-, Nord- und Osteuropa.

**Literatur:** Henning 1985, 587, Abb. 4,14–15; Heindel 1992, 25–32, Abb. 12; Künzl 1993, 347 Typ NH 1, Taf. 552–559,H 1–20; Duvauchelle 2005, 36 forme 1A+B, Taf. 8,53–54; Fleer 2011, 291, Taf. 4,27.

### 4.1.3. Bartaxt

**Beschreibung:** Die Oberseite der Äxte ist schwach gewölbt, das Blatt an der Unterseite weit herausgezogen. Der Nacken ist rechteckig. Bei der Bartaxt mit geschwungenen Seiten ist die Oberseite S-förmig geschwungen.
**Synonym:** Axt mit asymmetrischer Schneide; Typ NH 3 (nach Künzl).
**Untergeordnete Begriffe:** Bartaxt mit geschwungenen Seiten (= Typ NH 4 nach Künzl).

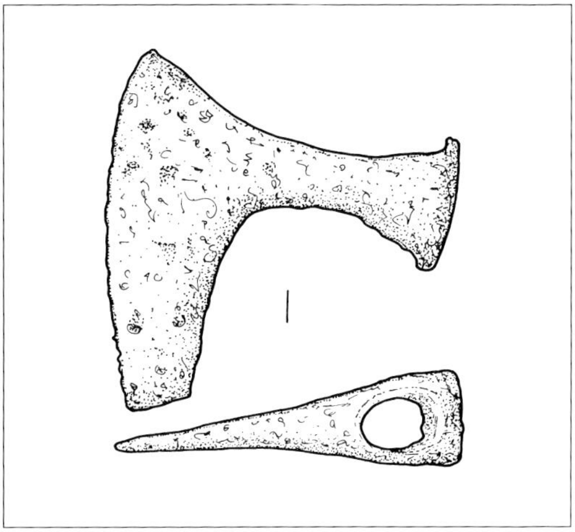

*4.1.3.*

**Datierung:** mittlere Römische Kaiserzeit bis Frühmittelalter, 3. – Anfang 7. Jh. n. Chr.
**Verbreitung:** Mitteleuropa und römische Provinzen.
**Literatur:** Böhner 1958, 170–172, Taf. 33,3; Schmidt B. S. 1961, 149.154, Abb. 58,k; Böhme 1974, 107–108, Taf. 143,11; Sippel 1989, 147, Taf. 27,1; Künzl 1993, 348 Typ NH 3, Taf. 559–563; Künzl 1993, 348 Typ NH 4, Taf. 564–565, H 31–35; Dohrn-Ihmig 1999, 73–74, Taf. 9,30,5; Damminger 2002, 72, Taf. 67B1; Leithäuser 2003, 313.

### 4.1.4. Breitaxt

**Beschreibung:** Vom Nackenteil mit dem Schaftloch aus schwingen die Ober- und Unterkante der Axt recht gleichmäßig in Richtung Schneide aus. Diese ist dadurch relativ breit. Die Axtlänge beträgt weniger als das 1 1/2 fache der Schneidenbreite.
**Synonym:** Axt mit annähernd symmetrischer Schneide.
**Datierung:** Völkerwanderungszeit bis Frühmittelalter, 5.–6. Jh. n. Chr.
**Verbreitung:** Mitteleuropa.
**Literatur:** Schmidt 1961, 149; 154, Abb. 58; Böhme 1974, 108, Abb. 44,2; Heindel 1992, 25; 34–38, Abb. 15e.

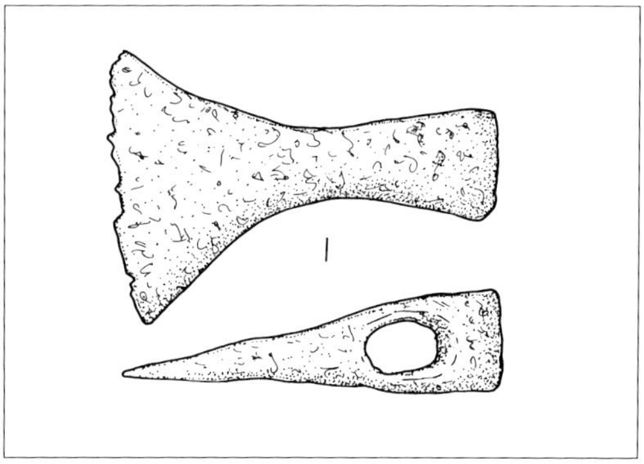

*4.1.4.*

**Anmerkungen:** Die Breitäxte werden z.T. in der Literatur nur als Schaftlochäxte bezeichnet (z.B. Böhner 1958, 173, Taf. 33,4–6 = Typ Trier A; Damminger 2002, 72, Taf. 10B5). Dies kann zu Verwechslungen mit den spätlatènezeitlichen Schaftlochäxten (4.1.1.) führen.
Vom Magdalensberg in Österreich und wenigen weiteren Fundorten sind aus dem 1. Jh. n. Chr. Äxte ähnlicher Form bekannt, die als Norische Äxte bezeichnet werden (Dolenz 1998, 146–149). Sie kommen aber zu selten vor, als dass eine Aufnahme als eigener Typ berechtigt wäre.

### 4.1.5. Franziska

**Beschreibung:** Die Oberkante dieser Äxte ist zweifach, also in Form eines liegenden S, geschwungen. Die Unterkante ist konkav, der Scheitelpunkt kann zentral liegen, aber auch in Richtung Nacken verschoben sein. Der lang ausgezogene Nacken reicht recht weit nach unten.

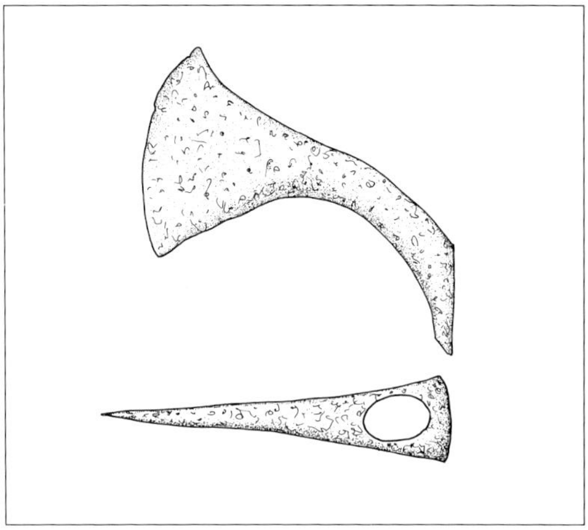

*4.1.5.*

**Datierung:** Völkerwanderungszeit bis Frühmittelalter, Mitte 5. bis Anfang 7. Jh. n. Chr.
**Verbreitung:** West-, Süd- und Mitteleuropa in den von Franken beherrschten und besiedelten Gebieten, wobei Rhein, Main und Lahn die Grenzen bilden.
**Literatur:** Böhner 1958, 164–169, Taf. 31,6–7; 32,1–2; Böhme 1974, 106–107, Taf. 91,17; Sippel 1989, 146–147, Taf. 13,1; Dohrn-Ihmig 1999, 73–74, Taf. 1,4,1; 3,14,1,1; Nawroth 2001, 43–44, Taf. 14,8,3, Farbabbildung 5; Damminger 2002, 72, Taf. 10B4; Leithäuser 2003, 313; Pesch 2003.

## 4.2. Axt mit Schaftlochlappen

Am Schaftloch befinden sich Schaftlochlappen, deren Form – meist rechteckig oder dreieckig, selten abgerundet – eine weitere Typeneinteilung ermöglicht. Neben einfachen, in der Aufsicht dreieckigen Äxten (4.2.1.) gehören auch die Pionieräxte (4.2.1.1.), Kombinationsgeräte aus Axt und Hacke oder Spitze, zu den Äxten mit rechteckigen Schaftlochlappen. Die beiden Typen sind deutlich über diese Ausprägung am Schaftloch miteinander verbunden. Die gleiche dreieckige Form des Axtkörpers wie bei den Äxten mit rechteckigen Schaftlochlappen findet sich auch bei den Äxten mit dreieckigen Schaftlochlappen (4.2.2.). Die dreieckigen Lappen können gelegentlich recht langzipfelig ausgezogen sein. Kreuzschneidige Äxte (4.2.3.), eine Kombination aus Axt und Dechsel, können neben dreieckigen Schaftlochlappen auch abgerundete aufweisen.

### 4.2.1. Axt mit rechteckigen Schaftlochlappen

**Beschreibung:** Am Schaftloch weisen Äxte dieses Typs relativ kurze, im Umriss rechteckige Schaftlochlappen auf. Die Axtform ist in der Aufsicht dreieckig. Die Oberseite ist meist gerade, der Nacken kann aber auch etwas heruntergebogen sein. Die Schneide zieht mehr oder weniger stark nach unten aus. Das Schaftloch kann rund oder oval sein.

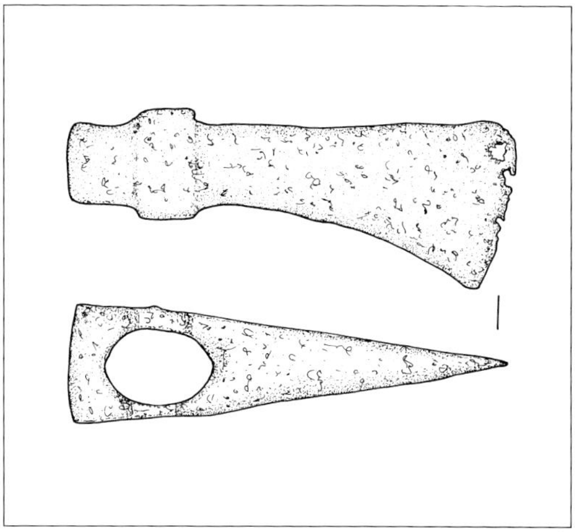

*4.2.1.*

**Synonym:** Typ NH 5 (nach Künzl).
**Datierung:** Römische Kaiserzeit, 1.–4. Jh. n. Chr.
**Verbreitung:** in den nördlichen römischen Provinzen, selten in angrenzenden Gebieten.
**Literatur:** Raddatz 1959/61, 17–25, Abb. 1; Schönberger 1967, 142, Abb. 10,1; Pietsch 1983, 6–13, Nr. 15–25, Taf. 1,15–18; 2,19–25; Künzl 1993, 348 Typ NH 5, Taf. 567–569,H 36–45; Dolenz 1998, 149–150, Taf. 45,F12; Duvauchelle 2005, 36 forme 2A+B, Taf. 8–10,55–61.

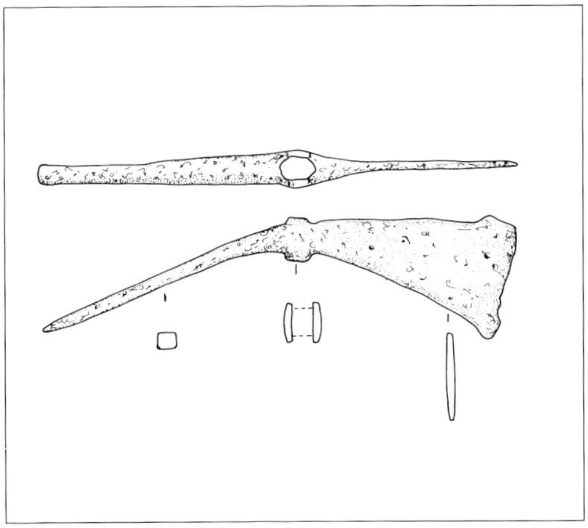

4.2.1.1.

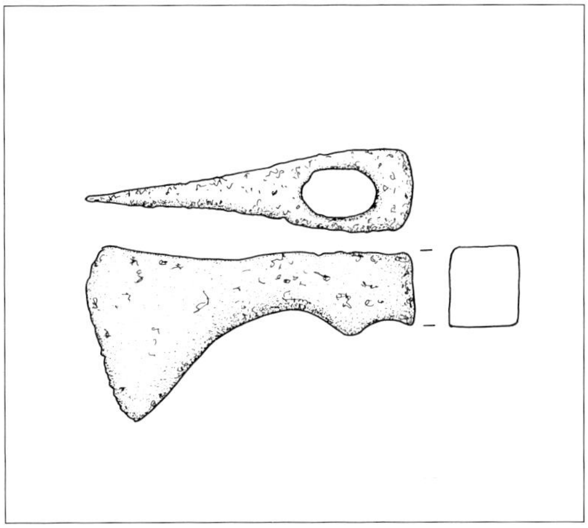

4.2.2.

## 4.2.1.1. Pionieraxt

**Beschreibung:** Pionieräxte sind eine Kombination aus Axt und Hacke oder Spitze. Das Axtblatt ist nach unten gezogen, die Hacke schmal. Am Schaftloch befinden sich viereckige Schaftlochlappen.

**Synonym:** Dolabra.

**Datierung:** Römische Kaiserzeit, 1.–3. Jh. n. Chr.

**Verbreitung:** römische Provinzen, selten in den angrenzenden Gebieten.

**Literatur:** Herrmann 1969, 135, Abb. 5; Pietsch 1983, 15–17, Taf. 3,42–45; Schlüter 1991, 41, Taf. 16,1; Dolenz 1998, 151–152, Taf. 47,F18; Gleser 2003, 125–136, Abb. 1–4.

## 4.2.2. Axt mit dreieckigen Schaftlochlappen

**Beschreibung:** Die Oberkante der Äxte ist gerade bis gewölbt. Typisch für diese Äxte sind die dreieckigen Schaftlochlappen, die z.T. langzipfelig ausgezogen sind. Der Nacken ist annähernd quadratisch.

**Synonym:** Schaftlochaxt mit nach unten auszipfelnden Schaftlochlappen.

**Datierung:** späte Römische Kaiserzeit bis frühe Völkerwanderungszeit, 3.–5. Jh. n. Chr.

**Verbreitung:** Dänemark bis Ungarn.

**Literatur:** Raddatz 1959/61, 17–25, Abb. 2; Böhme 1974, 104–105, Abb. 41; Jacobi 1977, 46–47, Taf. 11,2–3; Henning 1985, 587–588, Abb. 4,10–12.

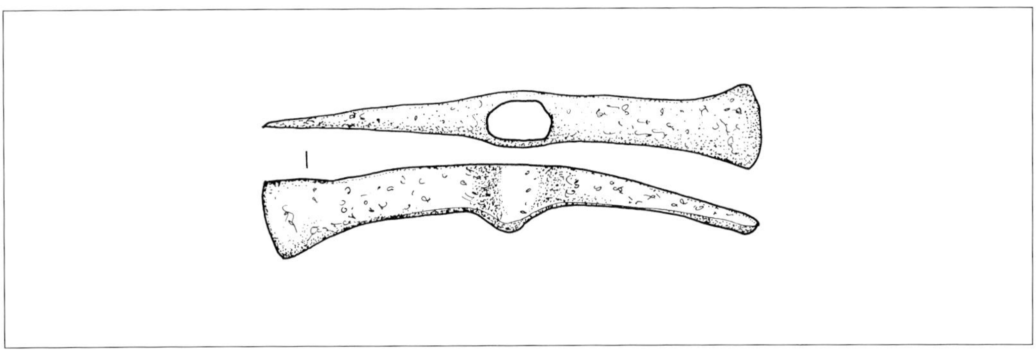

4.2.3.

### 4.2.3. Kreuzschneidige Axt

**Beschreibung:** Die Kombination aus Dechsel und Axt hat eine leicht heruntergezogene Axtschneide und eine schmale Dechselklinge. Die Grundform ist schlank. Dieser Axttyp besitzt nach unten gezogene, dreieckige oder abgerundete Schaftlochlappen.
**Synonym:** Kreuzhaue.
**Datierung:** Frühmittelalter, 6.–7. Jh. n. Chr.
**Verbreitung:** Mitteleuropa.
**Literatur:** Henning 1985, 585–586, Abb. 4,2–4; Aufleger 1996, 599–604, Abb. 450–450a.

### 4.3. Tüllenaxt

Am Schaftloch befindet sich eine mehr oder weniger lange ein- oder beidseitige Tülle, die gelegentlich auch die Form einer richtigen Schaftröhre annehmen kann. Unterschieden wird zwischen den reinen Tüllenäxten (4.3.1. und 4.3.2.) und den Tüllenhammeräxten, die gegenüber der Axtschneide ein unterschiedlich lang ausgeprägtes hammerartiges Ende aufweisen (4.3.3.1. bis 4.3.3.3.). Sowohl die Tüllenaxt mit glattem Rücken (4.3.2.) als auch die Hellebardenaxt (4.3.1.) weisen relativ breite Schneiden auf. Bei den Tüllenhammeräxten finden sich symmetrische, ebenso wie unsymmetrische Schneidenformen, die eine weitere Typenunterteilung möglich machen. Unter den symmetrischen Tüllenhammeräxten gibt es Stücke mit relativ schmaler Schneide, ebenso wie solche, deren Schneide breit ausgezogen ist.

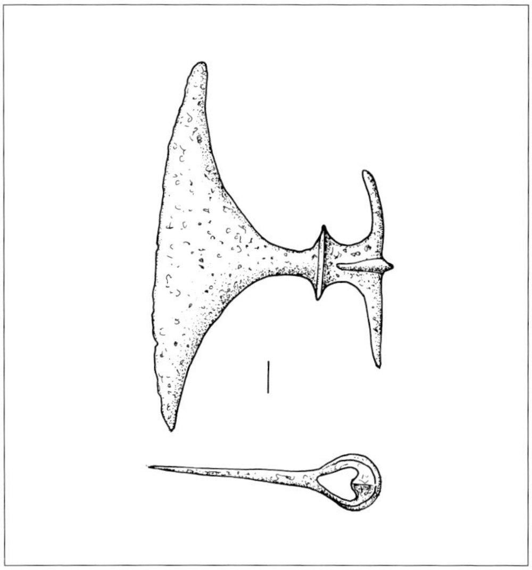

4.3.1.

### 4.3.1. Hellebardenaxt

**Beschreibung:** Die Schneide ist sehr breit. Von dort ziehen die Seiten deutlich ein und gehen in den schmalen Nackenbereich über. Dieser ist mit einer ringförmigen Rippe verstärkt. Teilweise kommen zwei klammerartige Fortsätze am Nacken vor, die der Fixierung des Gerätes am Schaft dienen.
**Datierung:** späte Eisenzeit, La D, 150–15 v. Chr. (evtl. bis in augusteische Zeit).
**Verbreitung:** Nordostschweiz, Norditalien, Westösterreich, Südbayern.
**Literatur:** Schindler 1996, 111–114, Abb. 1–4; Rageth 2004, 297–299, Abb. 2; 4,1; Rageth 2006, 125–134, Abb. 10,1; 11; 13,4; 15.

### 4.3.2. Tüllenaxt mit glattem Rücken

**Beschreibung:** Die im Querschnitt ungefähr rechteckige Tülle weist sich zum Nacken hin verbreiternde Seitenwände auf. In Richtung Schneide ist sie schwach dachartig ausgezogen. Der Mittelteil ist relativ schmal, dann schwingen die Seiten sehr stark zur Schneide hin aus. An den beiden Enden kann die Schneide schräg abgeschnitten verlaufen.
**Synonym:** Trier B2; karolingisch-ottonische Bartaxt.
**Datierung:** Frühmittelalter; 6. bis Anfang 7. Jh. n. Chr. (nach Böhner), 8.–9. Jh. n. Chr. (nach Heindel).
**Verbreitung:** Mitteleuropa.
**Literatur:** Böhner 1958, 174, Taf. 33,8; Heindel 1992, 43–44, Abb. 23e.

### 4.3.3. Tüllenhammeraxt

Die Gruppe der Tüllenhammeräxte umfasst im deutschsprachigen Raum drei Typen, denen allen gemeinsam die deutlich ausgeprägte Tülle zur

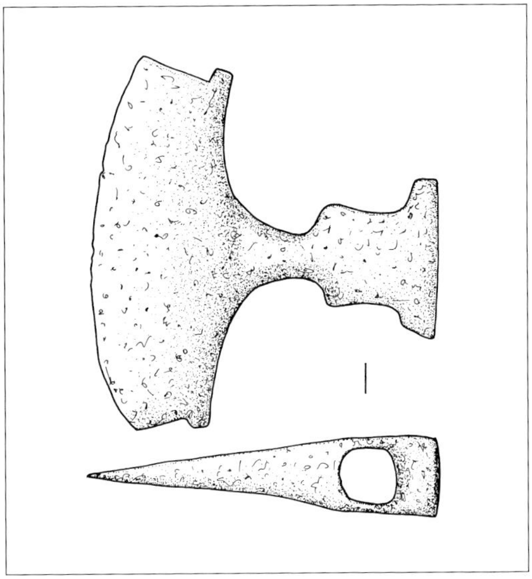

4.3.2.

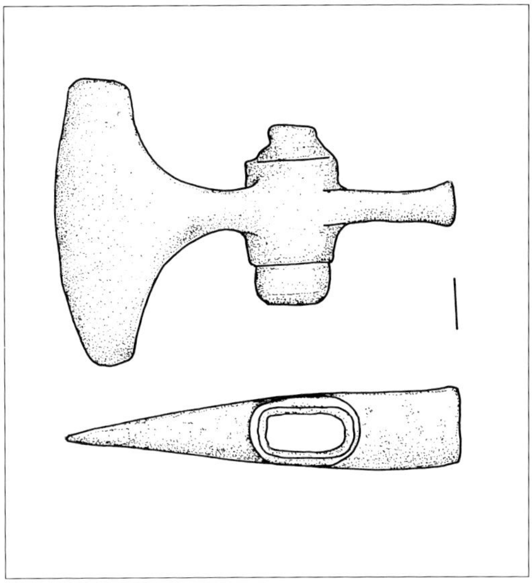

4.3.3.2.

Aufnahme des Schaftes ist. Diese Tülle nimmt gelegentlich auch die Form einer Schaftröhre an. Zwei Typen sind gekennzeichnet durch eine symmetrische Schneide, unterscheiden sich aber in der Länge des Hammerendes (4.3.3.1. und 4.3.3.2.). Die dritte Gruppe bilden Stücke mit unsymmetrischer, zu einer Seite deutlich ausgezogener Schneide und kurzem Hammerknauf (4.3.3.3.).

### 4.3.3.1. Symmetrische Tüllenhammeraxt mit kurzem Hammerende

**Beschreibung:** Die symmetrischen Äxte sind gekennzeichnet durch einen kurzen Hammerknauf

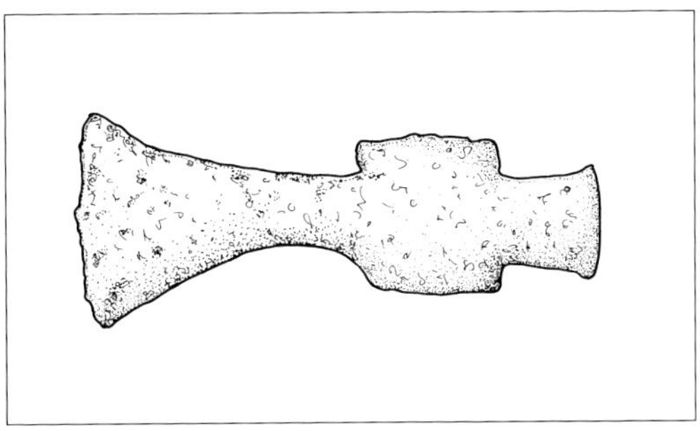

4.3.3.1.

und eine schmale, zu beiden Seiten gleichmäßig leicht ausschwingende Schneide. Die beidseitige, meist viereckige Erweiterung der Tülle kann die Form einer ausgeprägten Schaftröhre annehmen.
**Synonym:** Symmetrische Hammertüllenaxt mit kurzem Hammerende; Böhme Form D; Breitaxt mit Schaftröhre und Hammernacken.
**Datierung:** späte Römische Kaiserzeit bis Frühmittelalter, 4.–6. Jh. n. Chr.
**Verbreitung:** Konzentration zwischen Moseltal, Basler Rheinknie und Donaubogen bei Regensburg, selten in Thüringen und Italien.
**Literatur:** Lutz 1971, 54, Abb. 2,11; Jacobi 1977, 47, Taf. 11,4; Böhme 1993, 513–526, Abb. 3D.

### 4.3.3.2. Symmetrische Tüllenhammeraxt mit langem Hammerende

**Beschreibung:** Die Form dieser Äxte ist symmetrisch mit breit ausgezogener Schneide. Die Klinge ist meist schmal, das Schaftloch abgerundet-rechteckig. Typisch sind auch beidseitige, meist viereckige Erweiterungen der Tülle, was die Form einer ausgeprägten Schaftröhre annehmen kann, und ein deutlich von der Tülle abgesetztes

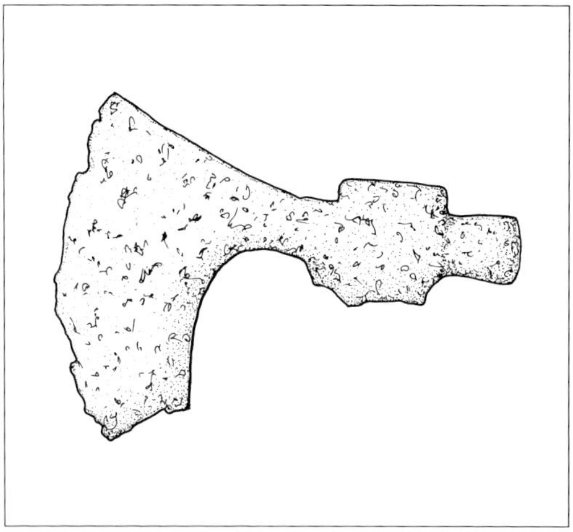

*4.3.3.3.*

Hammerende mit meist rechteckigem, seltener rundem Querschnitt.
**Synonym:** Symmetrische Hammertüllenaxt mit langem Hammerende; Böhme Form A; Trier B1.
**Datierung:** Völkerwanderungszeit, frühes 5. Jh. bis Mitte 6. Jh. n. Chr.
**Verbreitung:** Normandie bis Mittelrheingebiet, selten in Südostengland, Mitteldeutschland, Bayern, Nordschweiz.
**Literatur:** Böhner 1958, 173–174, Taf. 33,7; Böhme 1993, 513–526, Abb. 3A.

### 4.3.3.3. Unsymmetrische Tüllenhammeraxt mit kurzem Hammerende

**Beschreibung:** Die unsymmetrischen Tüllenäxte haben eine breite, nur zu einer Seite hin ausgezogene Schneide und einen kurzen Hammerknauf. Die viereckige Erweiterung der Tülle kann die Gestalt einer ausgeprägten Schaftröhre annehmen.
**Synonym:** Unsymmetrische Hammertüllenaxt mit kurzem Hammerende; Böhme Form C.
**Datierung:** Völkerwanderungszeit bis Frühmittelalter, Ende 5.–6. Jh. n. Chr.
**Verbreitung:** Konzentration zwischen Moseltal, Basler Rheinknie und Donaubogen bei Regensburg, selten in Thüringen und Italien.
**Literatur:** Böhme 1993, 513–526, Abb. 3C; Koch 2001, 310, Taf. 49,D,2; Duvauchelle 2005, 37 forme 4, Taf. 10,63.
**Anmerkung:** Das Synonym »Knaufhammeraxt« (Koch 2001, 310) sollte besser nicht verwendet werden, da es im archäologischen Sprachgebrauch für ein gänzlich anderes Objekt (2.2.1.) genutzt wird.

# Beile

## 1. Beile aus Geweih und Knochen

### 1.1. Lyngbybeil

**Beschreibung:** Diese Beile wurden aus einer Rengeweihstange, bei der die über der Rose abzweigende Augsprosse entfernt wurde oder nicht ausgebildet war, gefertigt. Nach der Abtrennung von Hintersprosse und oberem Schaufelteil wurde die Eissprosse eingekürzt. Das verbleibende Stück ist in der Regel 5–10 cm lang und wurde zur Beilschneide zugerichtet.

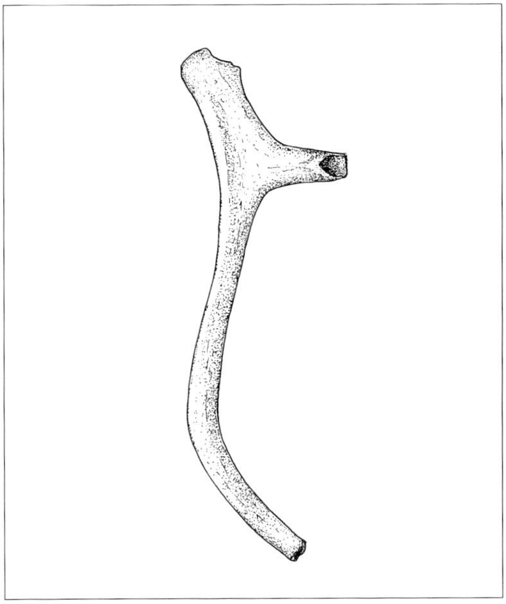

*1.1.*

**Material:** Geweih.
**Datierung:** Jungpaläolithikum (spätes Allerød bis jüngere Dryaszeit), 11500–10000 v. Chr.
**Verbreitung:** Südskandinavien, Schleswig-Holstein, Hamburg.
**Literatur:** Rust 1943, 176–179, Taf. 56–65; Tromnau 1972; Tromnau 1975, 76–77, Abb. 40, Taf. 33,4; Clausen 2002/2003.

### 1.2. Dechsel (Knochen)

**Beschreibung:** Die Dechseln haben einen D-förmigen Querschnitt mit flacher Unter- und gewölbter Oberseite. Die Breite beträgt meist mehr als die doppelte Höhe. Entsprechend dem Rohmaterial sind sie im Inneren oft ausgehöhlt. Die Artefakte sind meist sorgfältig überschliffen.
**Material:** Knochen.
**Synonym:** Querbeil (Knochen).
**Datierung:** Frühneolithikum (Linearbandkeramik), 5500–5000 v. Chr.; Endneolithikum, 2800–2200 v. Chr.
**Verbreitung:** Südost-, Mittel- und Westeuropa.
**Literatur:** Müller-Beck 1965, 30–36, Abb. 48; Fritsch 1987, 15, Abb. 5; Weiner 1996, 117.

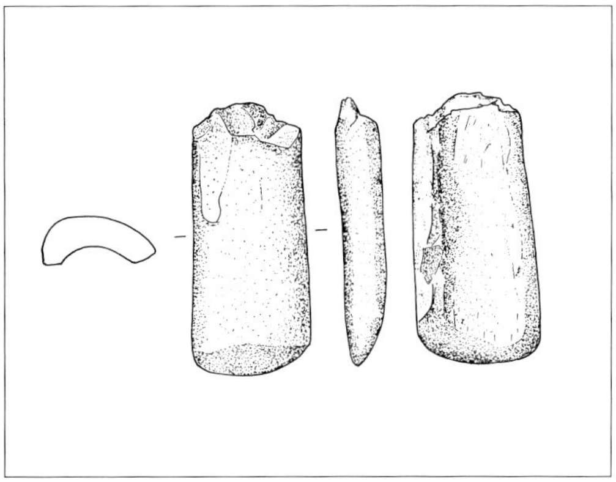

*1.2.*

## 2. Beile aus Silex

### 2.1. Kernbeil

**Beschreibung:** Für diese Beile wird eine Flintknolle durch Flächenbearbeitung von den Kanten her zugeschlagen. Die Geräte haben annähernd gegenständige Seitenkanten, gewölbte Ober- und Unterseiten und eine durch ein oder mehrere Schläge bearbeitete Schneide. Diese kann gerade oder gebogen sein und liegt in der Mittelachse des Gerätes.
**Datierung:** boreales Mesolithikum bis Frühneolithikum (späte Ertebølle-Kultur), 8000–4100 v. Chr.

**Verbreitung:** Nordeuropa, Norddeutschland bis Hessen.
**Literatur:** Schwabedissen 1944, 119–122; Schuldt 1961, 91–98, Taf. 1–14; Gramsch 1973, 23–24, Taf. 15,1; Metzger-Krahé 1977, 35; Meurers-Balke 1983, 71, Taf. 49,1–3; Tillmann 1986, 105–109; 115–118, Taf. 25–35; Hoika 1987, 45; Breest 1997, 163, Taf. 10,1.3; 16,6; 34,2; 41,1; Fiedler 1997, 27–29, Abb. 3–6.
**Anmerkung:** Nach Tillmann Beginn schon im Präboreal, nach Hoika belegt bis in die mittelneolithische Trichterbecherkultur, aber nur von Oberflächenfundplätzen bekannt.

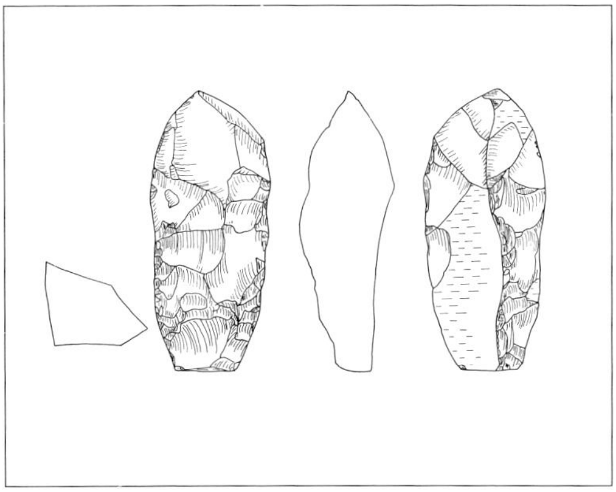

*2.1.*

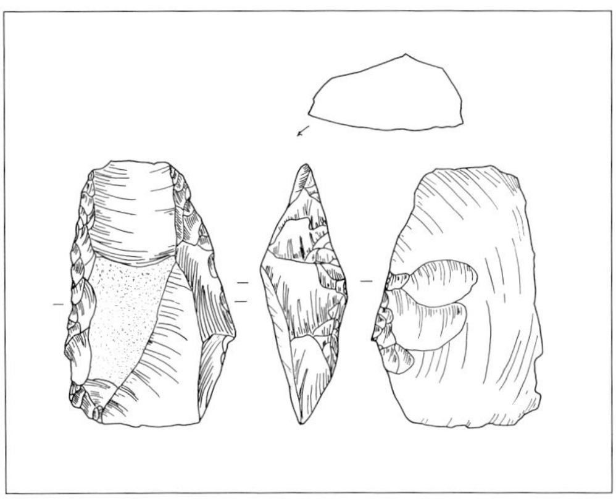

*2.2.1.*

### 2.2. Scheibenbeil

Die Grundformen der Scheibenbeile sind scheibenförmige Flintabschläge. Der Beilumriss ist in der Aufsicht meist trapezförmig. Die bearbeitete kantige Schneide liegt in der Ebene der Unterseite. Außer den unten genannten Typen Oldesloe (2.2.1.) und Ellerbek (2.2.2.), die sich durch die Art der Bearbeitung der Oberfläche unterscheiden, gibt es viele unregelmäßige Stücke, die eine sehr heterogene Gruppe bilden und keine weitere Typeneinteilung zulassen. Die Qualität und Größe der Beile nimmt mit der Entfernung zur Hauptverbreitung ab.

#### 2.2.1. Scheibenbeil Typ Oldesloe

**Beschreibung:** Die Schmalseiten der Scheibenbeile dieses Typs wurden von der Ventralfläche (der dem Kern zugewandten Fläche) eines scheibenförmigen Flintabschlags zugeschlagen. Die Oberseite wurde nicht weiter bearbeitet.
**Datierung:** jüngeres Mesolithikum bis Frühneolithikum (Trichterbecherkultur), 6500–3300 v. Chr.
**Verbreitung:** Nordeuropa, Norddeutschland.
**Literatur:** Schwabedissen 1944, 119–122; Schuldt 1961, 98–99; Gramsch 1973, 24–25, Taf. 15,2; Meurers-Balke 1983, 67–70; Tillmann 1986, 111–121; Hoika 1987, 58–59; Breest 1997, 163–164, Taf. 11,1–2; 43,1–2.

#### 2.2.2. Scheibenbeil Typ Ellerbek

**Beschreibung:** Scheibenbeile vom Typ Ellerbek sind von der Dorsalfläche (die vom Kern abgewandte Fläche) eines scheibenförmigen Flintabschlags zugearbeitet. Die Dorsalfläche ist flach retuschiert.
**Datierung:** jüngeres Mesolithikum bis Frühneolithikum (Trichterbecherkultur), 6500–3300 v. Chr.
**Verbreitung:** Nordeuropa, Norddeutschland.
**Literatur:** Schwabedissen 1944, 119–122; Schuldt 1961, 98–99; Gramsch 1973, 24–25, Taf. 51,3; Meurers-Balke 1983, 67–70; Tillmann 1986, 111–118; Hoika 1987, 58–59; Breest 1997, 163–164, Taf. 17,2; 26,5.

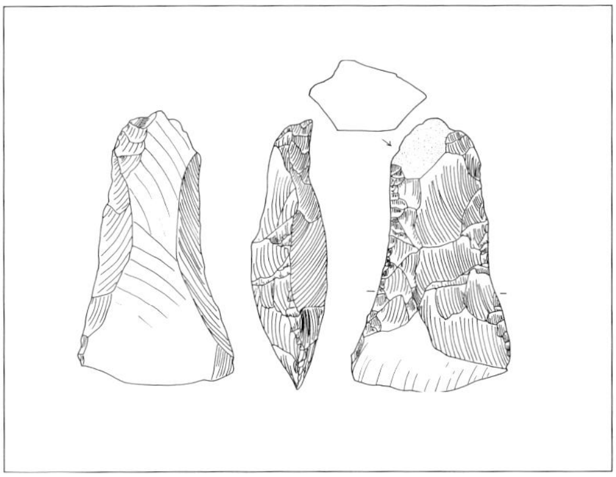

2.2.2.

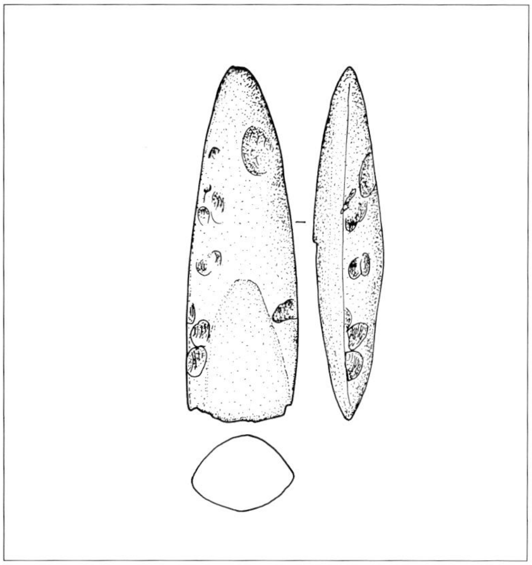

2.3.1.

## 2.3. Ovalbeil

Charakteristisch für die aus einer Flintknolle hergestellten Beile ist der ovale Querschnitt. Die zugeschlagenen Rohlinge wurden entweder vollständig überschliffen oder der Schliff beschränkt sich auf den Schneidenbereich. Der Grad der Überarbeitung ist nicht typabhängig. Der Nacken kann spitz (2.3.1.) oder gerundet (2.3.2. bis 2.3.3.) sein.

### 2.3.1. Spitznackiges Ovalbeil

**Beschreibung:** Der Querschnitt der Beile ist oval. Sie haben einen nahezu spitzen Nacken und sind meist vollständig überschliffen.
**Datierung:** Nordisches Frühneolithikum, 4100–3300 v. Chr.; Mittel- bis Jungneolithikum (Rössener Kultur, Michelsberger Kultur), 4700–3300 v. Chr.
**Verbreitung:** Skandinavien, Norddeutschland, Hessen, Westeuropa.
**Literatur:** Brandt K. H. 1967, 82–87, Taf. 12; Gronenborn 1992; Schirren 1997, 19–20, Abb. 8.

### 2.3.2. Dünnnackiges Ovalbeil

**Beschreibung:** Die Beile von ovalem Querschnitt haben einen gerundeten, dünnen Nacken und einen glockenförmigen Umriss. In der Regel sind sie vollständig überschliffen.

**Synonym:** Breitnackiges Ovalbeil.
**Datierung:** Mittel- bis Jungneolithikum (Rössener Kultur, Michelsberger Kultur), 4700–3500 v. Chr.
**Verbreitung:** Skandinavien, Norddeutschland, Westeuropa.
**Literatur:** Brandt K. H. 1967, 87–90, Taf. 13.

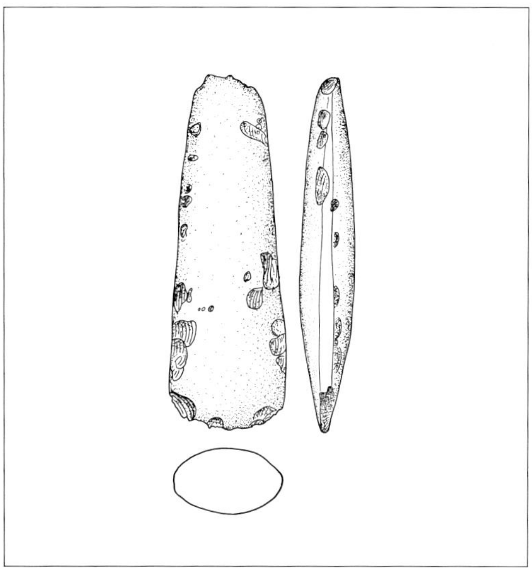

2.3.2.

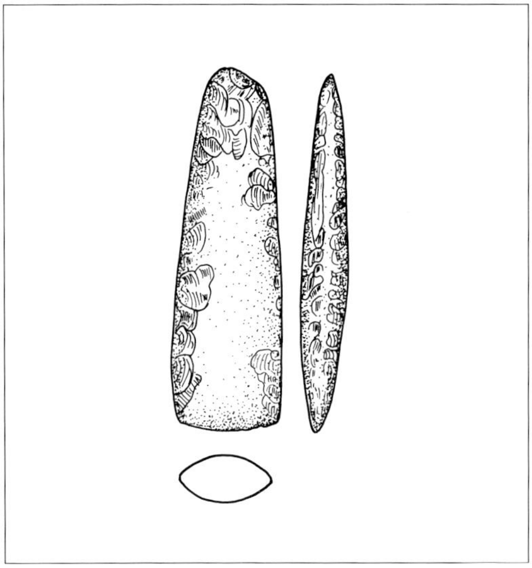

*2.3.3.*

## 2.3.3. Dünnblattiges Ovalbeil

**Beschreibung:** Die Beile sind im Querschnitt flach-oval bis mandelförmig. Charakteristisch ist die relativ geringe Dicke. Meist ist nur der Bereich an der Schneide geschliffen. Oft wird die Schlifffacette zum Nacken hin schmaler. Daneben gibt es aber auch vollständig überschliffene Stücke.
**Datierung:** Endneolithikum (Einzelgrabkultur, Kultur mit Schnurkeramik), 2800–2200 v. Chr. (nach Einicke schon ab Salzmünder Kultur und Tiefstichkeramik).
**Verbreitung:** Nord- und Westdeutschland, Niederlande, Skandinavien, Osteuropa.
**Literatur:** Brandt K. H. 1967, 90–94, Taf. 14; Einicke 1995, 100–101.

## 2.4. Rechteckbeil (Silex)

Der Querschnitt dieser Beile ist rechteckig. Der Umriss kann glocken-, trapezförmig oder auch rechteckig sein. Der Nacken ist gerundet oder gerade. Unterschieden wird zwischen dünnnackigen (2.4.1.) und dicknackigen Rechteckbeilen (2.4.2.). Letztere werden nochmals in dickblattige (2.4.2.1.) und dünnblattige (2.4.2.2.) Beile getrennt. Die Oberflächenbehandlung ist sehr heterogen, auch innerhalb der Typen kommen sowohl vollständig als auch partiell überschliffene Stücke vor. Gerade auf den Schmalseiten sind häufig noch die Bearbeitungsnegative zu erkennen.

### 2.4.1. Dünnnackiges Rechteckbeil

**Beschreibung:** Beile dieses Typs sind in der Aufsicht meist schwach trapezförmig bis annähernd rechteckig. Die größte Dicke liegt ungefähr in der Mitte. Der Querschnitt ist viereckig mit gewölbten Breitseiten und schwach gewölbten bis ebenen Schmalseiten. Der Nacken ist oft gratartig bzw. nur von geringer Höhe. Meist sind diese Beile vollständig überschliffen.
**Untergeordnete Begriffe:** Flintflachbeil.
**Datierung:** Nordisches Frühneolithikum bis Nordisches Mittelneolithikum II (Trichterbecherkultur), 3800–3100 v. Chr. (nach Hartz 2004, 65 gibt es in Dänemark schon ab 3950 v. Chr. dünnnackige Beile mit Schliff).
**Verbreitung:** Südskandinavien, Norddeutschland.
**Literatur:** Brandt K. H. 1967, 94–101, Taf. 15–16; Nelson 1988, 244–253; Hartz 2004, 63–65.
**Anmerkung:** Die Flintflachbeile nach Brandt könnten laut Nelson (1988, 251–253) meist nachgeschärfte dünnnackige Rechteckbeile sein.

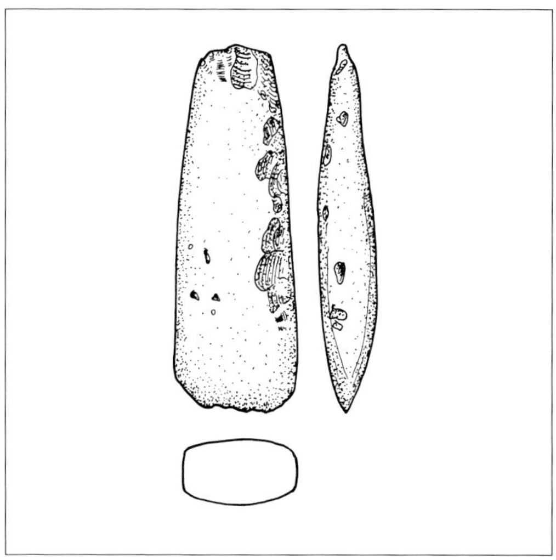

*2.4.1.*

### 2.4.2. Dicknackiges Rechteckbeil

Die im Querschnitt rechteckigen Beile haben im Verhältnis zum ganzen Gerät einen relativ dicken Nacken. In der Aufsicht haben sie einen trapezförmigen Umriss. Sie können vollständig oder partiell überschliffen sein. Unterschieden wird zwischen dickblattigen und dünnblattigen Rechteckbeilen. Ist die größte Dicke geringer als die halbe größte Breite, erfolgt die Zuordnung zu den dünnblattigen Rechteckbeilen, anderenfalls zu den dickblattigen.

#### 2.4.2.1. Dickblattiges Rechteckbeil

**Beschreibung:** In der Aufsicht sind die Beile dieses Typs schlank trapezförmig. Die größte Dicke ist größer als die halbe größte Breite. Der Nacken ist meist gerade und relativ dick. In der Regel sind diese Beile partiell überschliffen, oft nur im schneidennahen Bereich.
**Datierung:** Nordisches Mittelneolithikum bis Endneolithikum (Trichterbecherkultur, Einzelgrabkultur), 3300–2200 v. Chr.
**Verbreitung:** Nord- und Osteuropa, Norddeutschland.
**Literatur:** Struve 1955, 59–61; Brandt K. H. 1967, 109–118, Taf. 19–20; Strahl 1985; Hoika 1987, 47–48, Taf. 57,6; Nelson 1988, 253–267.

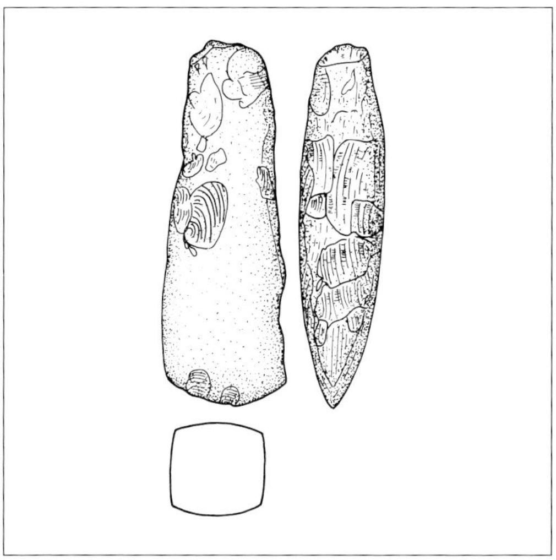

*2.4.2.1.*

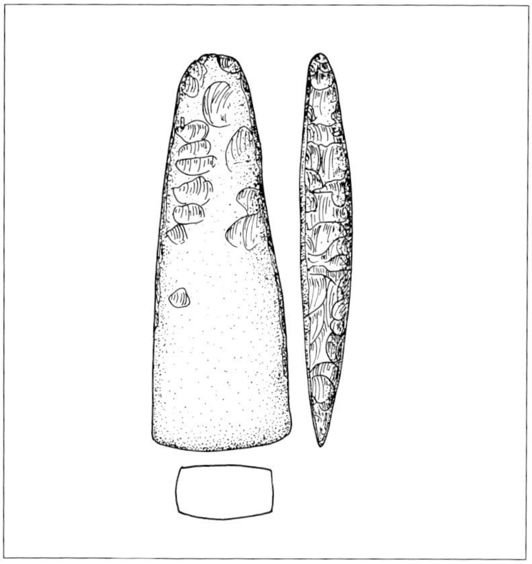

*2.4.2.2.*

#### 2.4.2.2. Dünnblattiges Rechteckbeil

**Beschreibung:** Die größte Dicke ist geringer als die halbe größte Breite. Die Beile haben einen trapezförmigen Umriss. Sie sind oft partiell oder vollständig überschliffen.
**Datierung:** Nordisches Mittelneolithikum (Trichterbecherkultur) bzw. Spät- bis Endneolithikum (Kugelamphorenkultur, Einzelgrabkultur, Kultur mit Schnurkeramik), 3300–2200 v. Chr.
**Verbreitung:** Nord- und Mitteldeutschland, Dänemark, Polen, Russland.
**Literatur:** Struve 1955, 61; Brandt K. H. 1967, 118–122, Taf. 21; Hoika 1987, 45–46, Taf. 58,6; 67,3; Nelson 1988, 253–267.

## 3. Beile aus Stein

### 3.1. Rundbeil

**Beschreibung:** Der Querschnitt ist rund bis rundoval. Der Nacken ist stumpf oder gewölbt, seltener spitz. Die Schneidenform reicht von gerade bis deutlich gewölbt. Die mesolithischen Stücke sind gepickt, teilweise sind noch Reste der natürlichen Oberfläche erhalten. Schliff an der Schneide soll als Gebrauchsspur zu deuten sein. Die neolithi-

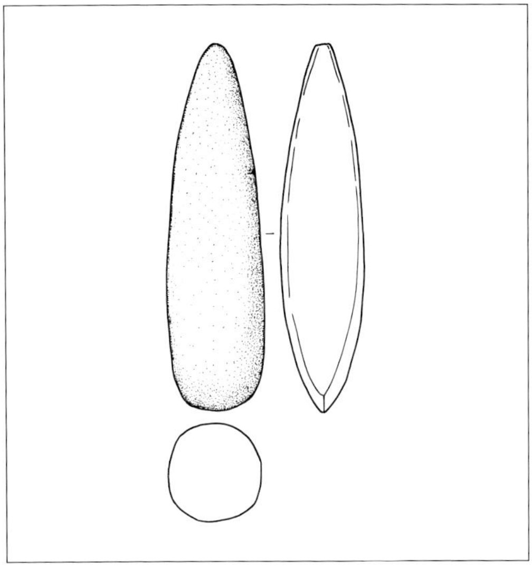

3.1.

schen Rundbeile dagegen sind überschliffen, gelegentlich ist aber noch die Pickung zu erkennen.
**Synonym:** Walzenbeil.
**Datierung:** im Westen und Süden Mittel- bis Jungneolithikum (Rössener Kultur, ältere Cortaillodkultur, Michelsberger Kultur), 4700–3500 v. Chr.; im Norden jüngeres Mesolithikum bis Frühneolithikum, 6500–3300 v. Chr.
**Verbreitung:** Niederlande, Belgien, Nord-, West- und Süddeutschland, Schweiz, Frankreich, Großbritannien, Skandinavien.
**Literatur:** Brandt K. H. 1967, 127–132, Taf. 23; Gramsch 1973, 29–30, Abb. 13–14.

## 3.2. Dechsel (Stein)

Dechseln sind charakterisiert durch die quer zur Schäftung stehende Schneide, weshalb sie auch Querbeile genannt werden. Die Unterseite ist flach, die Oberseite gewölbt, so dass ein D-förmiger Querschnitt entsteht. Typisch ist auch die sorgfältige Oberflächenbearbeitung durch Schliff, lediglich am Nacken finden sich manchmal unbearbeitete Bereiche. Dechseln werden nach ihren Proportionen in flache (3.2.1.) und hohe (3.2.2.) Stücke unterschieden. Letztere variieren in der Länge sehr stark.

### 3.2.1. Flache Dechsel

**Beschreibung:** Flache Dechseln haben einen D-förmigen Querschnitt mit flacher Unter- und gewölbter Oberseite. Die Breite beträgt mehr als die doppelte Höhe. Die Stücke sind in der Regel sorgfältig überschliffen, nur im Nackenbereich finden sich gelegentlich Reste der ursprünglichen Oberfläche.
**Synonym:** Flachhacke.
**Datierung:** Früh- bis Mittelneolithikum (Linearbandkeramik, Stichbandkeramik, Rössener Kultur), 5500–4400 v. Chr.
**Verbreitung:** Südosteuropa, Mittel- und Westeuropa, vereinzelt bis Dänemark.
**Literatur:** Brandt K. H. 1967, 10, Taf. 1,3–4; Weiner 1996, 117; Klassen 2004, 54–59.

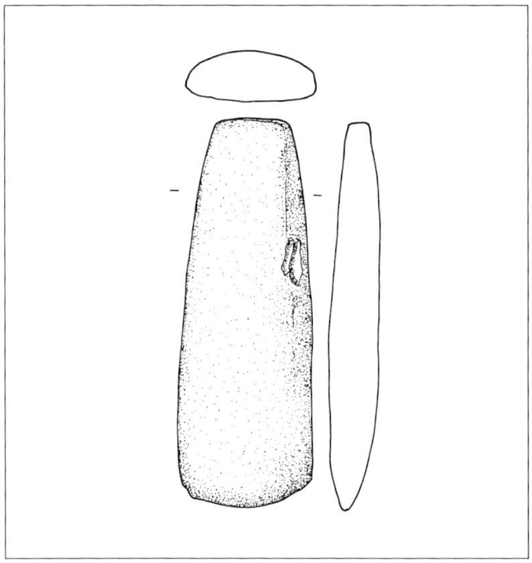

3.2.1.

### 3.2.2. Hohe Dechsel

**Beschreibung:** Auch hohe Dechseln haben den charakteristischen D-förmigen Querschnitt mit flacher Unter- und gewölbter Oberseite. Die Höhe ist gleich der Breite oder größer als diese. Die Oberfläche ist meist sorgfältig überschliffen, manchmal finden sich im Nackenbereich unbearbeitete Partien. Unter den hohen Dechseln gibt es sehr lange, aber auch sehr kleine Stücke.

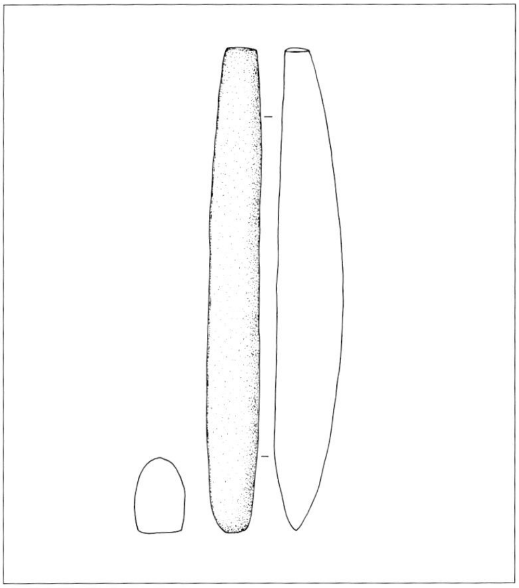

3.2.2.

**Synonym:** Schuhleistenkeil.
**Datierung:** Früh- bis Mittelneolithikum (Linearbandkeramik, Stichbandkeramik, Rössener Kultur), 5500–4400 v. Chr.
**Verbreitung:** Südosteuropa, Mittel- und Westeuropa, vereinzelt bis Dänemark.
**Literatur:** Brandt K. H. 1967, 9–10, Taf. 1,2.5; Klassen 2004, 54–59.

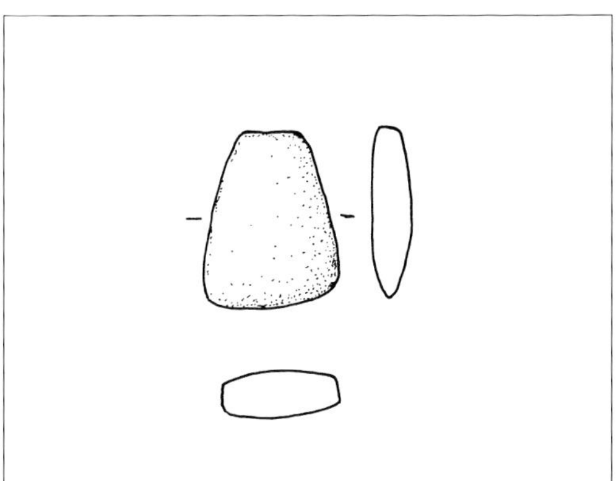

3.3.

## 3.3. Rechteckbeil (Stein)

**Beschreibung:** Der Querschnitt dieser Beile ist rechteckig. Der Umriss kann glocken-, trapezförmig oder auch rechteckig sein. Der Nacken ist gerundet oder gerade.
**Datierung:** Mittelneolithikum bis Endneolithikum (Rössener Kultur, Baalberger Kultur, ältergangggrabzeitliche Trichterbecherkultur, Einzelgrabkultur), 4700–2200 v. Chr.
**Verbreitung:** Mitteleuropa.
**Literatur:** Struve 1955, 62; Brandt K. H. 1967, 140–148, Taf. 25–26; Seidel 2008, 164, Taf. 25,3.5; 46,1.

## 3.4. Spitznackiges Beil

**Beschreibung:** Der Querschnitt dieser Beile ist rund bis annähernd rechteckig. Zum Teil ändert sich der Querschnitt innerhalb eines Gerätes. Charakteristisch ist ihr spitzer Nacken, der aber auch rundlich-spitz ausfallen kann. Häufig wurde als Rohmaterial Nephrit oder ein ähnliches Gestein verwendet. Die Oberfläche ist in der Regel gut poliert.
**Datierung:** frühes Jungneolithikum bzw. Spätmesolithikum/Nordisches Frühneolithikum (späte Ertebøllekultur/frühe Trichterbecherkultur), 4500–3800 v. Chr.

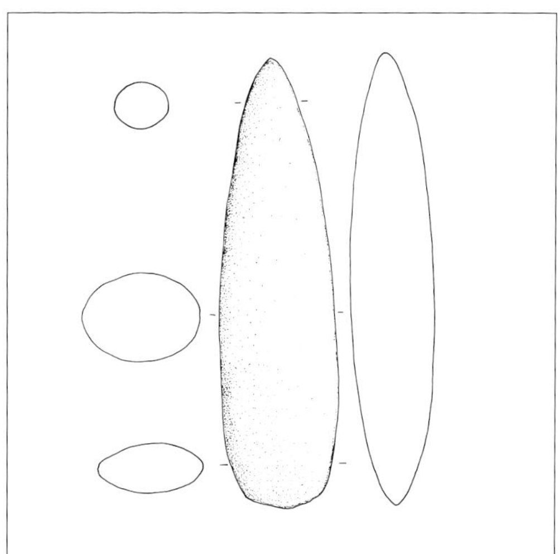

3.4.

**Verbreitung:** Nord- und Westeuropa, Deutschland, Schweiz, Oberösterreich, Norditalien.
**Literatur:** Brandt K. H. 1967, 133–140, Taf. 24,1–6; Grote 1981; Schmitz 1991; D'Amico u.a. 2003; Klassen 2004, 63–66; 83–96; Seidel 2008, 163–164; 309, Taf. 96,16.
**Anmerkung:** Hierzu gehören die Beile aus Jadeit (vom Monte Viso oder der Gegend von Susa in den italienischen Alpen) und Eklogit (aus dem Massiv von Voltri im ligurischen Apennin) und solche aus Amphibolit.

### 3.5. Rillenbeil

**Beschreibung:** Der Nackenteil ist durch die scharfe Einziehung der Seiten gleichsam zapfenartig abgesetzt. Die Schäftungsrille kann vollständig oder nur teilweise umlaufen.
**Synonym:** Fels-Absatzbeil; Zapfenkeil.
**Datierung:** in Mitteleuropa Endneolithikum bis Frühbronzezeit (Kultur mit Schnurkeramik, Einzelgrabkultur, Aunjetitzer Kultur), 2800–1700 v. Chr. (gelegentlich bis in die jüngere Bronzezeit).
**Verbreitung:** Europa (und darüber hinaus).
**Literatur:** Schrickel 1952; Struve 1955, 62–63, Taf. 8,14; Kaufmann 1957; Brandt K. H. 1967, 148–150, Taf. 27; Zich 1987, 62–66, Abb. 6–7.

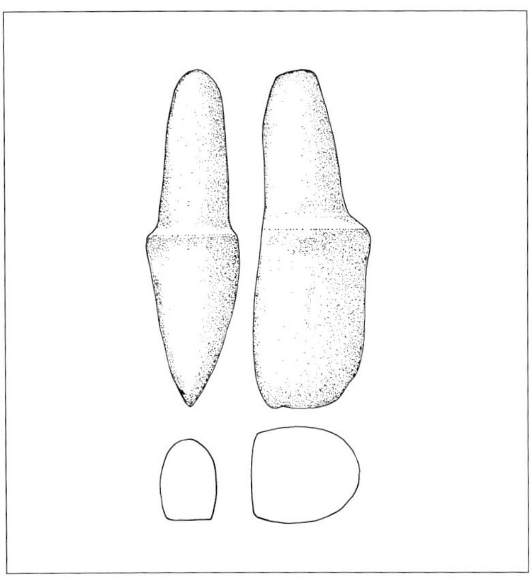

*3.5.*

### 3.6. Schaftrillenbeil

**Beschreibung:** Die gut geschliffenen Beile haben in der Mitte eine Schaftrille. Beide Schneidenteile sind in etwa gleich groß und von ovalem Querschnitt. Neben Stücken mit Schneide gibt es auch solche mit stumpfen Kanten.
**Synonym:** doppelschneidiges Beil mit Schäftungsrille.
**Datierung:** jüngere Bronzezeit, Periode IV, 1100–950 v. Chr. (nach Tackenberg gibt es nur wenige sicher datierte Stücke, die Laufzeit des Typs ist nicht zu klären).
**Verbreitung:** Europa.
**Literatur:** Kaufmann 1957; Tackenberg 1974, 44–45, Taf. 13.

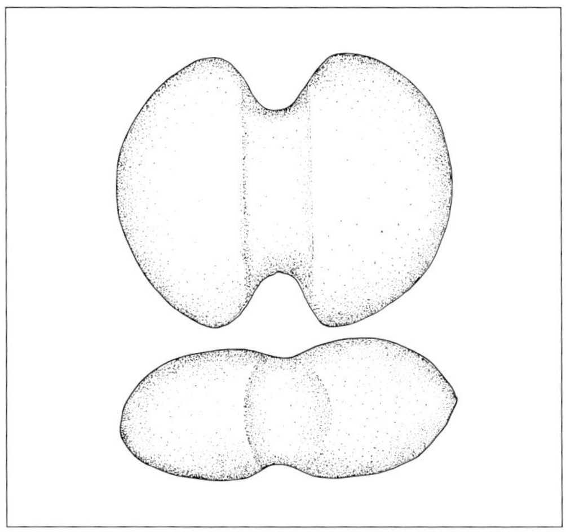

*3.6.*

## 4. Beile aus Metall

### 4.1. Flachbeil

Der Beilquerschnitt ist flach-rechteckig. Umriss- und Nackenformen variieren stark und dienen als Unterscheidungsmerkmal der Typen. Die meisten Flachbeile sind aus Kupfer und gehören in die Kupferzeit und in die ältere bzw. mittlere Bronzezeit. In der frühen Eisenzeit treten dann eiserne Flachbeile (4.1.3.) auf, die quer zur Längsachse des Beilkörpers herauskragende sog. Ärmchen tragen, die ihnen eine kreuzförmige Gestalt verleihen.

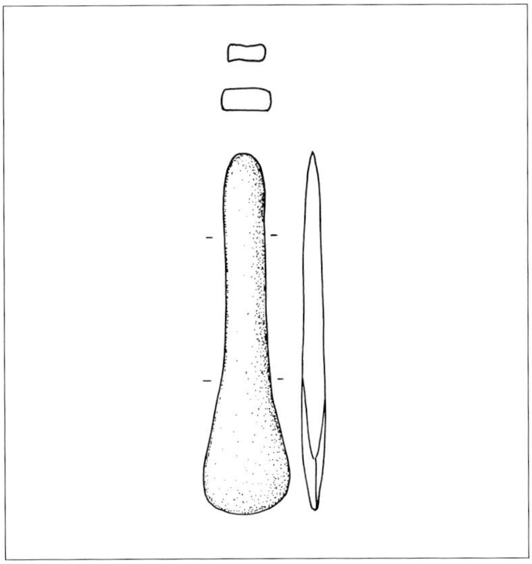

4.1.1.

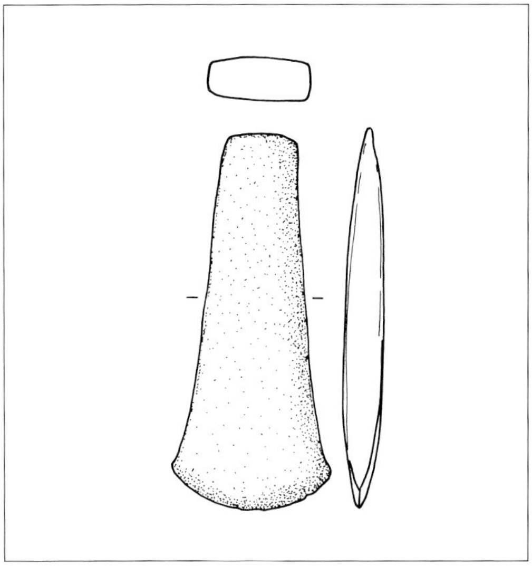

4.1.2.

### 4.1.1. Geschweiftes Flachbeil

**Beschreibung:** Der schmale geschweifte Beilkörper mit dem dünnen, mehr oder weniger gerundeten Nacken hat einen flach-rechteckigen Querschnitt.
**Material:** Kupfer.
**Synonym:** Flachbeil mit geschweiftem Beilkörper.
**Datierung:** Kupferzeit bis ältere bzw. mittlere Bronzezeit, 4000–1300 v. Chr.
**Verbreitung:** Westeuropa, Nordeuropa bis Mitteldeutschland, vereinzelt in der Schweiz und in Mittelitalien sowie Südosteuropa.
**Literatur:** Kibbert 1980, 76–80, Taf. 7,56–7,68; Laux 2000, 25–28, Taf. 1,13–2,25.

### 4.1.2. Trapezförmiges Flachbeil

**Beschreibung:** Der Umriss ist mehr oder weniger trapezförmig. Der gerade bis leicht gerundete Nacken kann dünn, dick oder auch gratartig sein. Die Schneide beschreibt einen flachen Bogen und kann manchmal leicht gezipfelt sein. Der Querschnitt des Beilkörpers ist flach-rechteckig.
**Material:** Kupfer.
**Synonym:** Trapez-Flachbeil; Flachbeil mit mehr oder weniger trapezförmigem Umriss.
**Untergeordnete Begriffe:** Flachbeil Typ Altheim (4.1.2.1.); Flachbeil Typ Bygholm; Flachbeil Typ Stollhof (4.1.2.2.); Flachbeil Typ Thayngen.
**Datierung:** Kupferzeit bis ältere bzw. mittlere Bronzezeit, 4000–1300 v. Chr.
**Verbreitung:** Europa.
**Literatur:** Driehaus 1960, 25, Taf. 34,6; Mayer 1977, 45–48; 53–63, Taf. 9,93–9,100; 11,131–12,163; Kibbert 1980, 62–73, Taf. 4,27–4,30; 5,20–5,26; 5,31–6,47; Pászthory/Mayer 1998, 23–27, Taf. 1,9–2,21; Laux 2000, 21–25, Taf. 1,3–1,12.

#### 4.1.2.1. Trapezförmiges Flachbeil Typ Altheim

**Beschreibung:** Die relativ kleinen Beile haben einen annähernd trapezförmigen Umriss und einen flach-rechteckigen Querschnitt. Der Nacken ist dünn, teilweise gratartig. Die Schneide ist leicht gebogen und kann auch in kleinen Zipfeln enden.
**Material:** Kupfer mit einem geringen Arsenanteil.
**Datierung:** Kupferzeit (Altheimer Gruppe, Mondseegruppe, Pfyner Gruppe, jüngere Cortaillodkultur), 3900–3400 v. Chr.

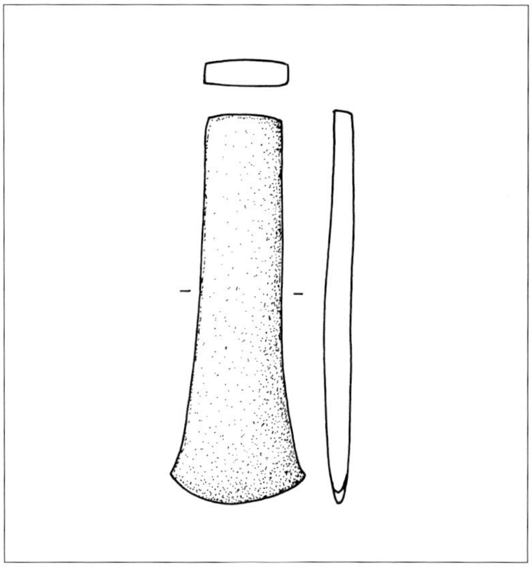

4.1.2.1.

**Verbreitung:** Oberösterreich, Süddeutschland, Schweiz, Oberitalien, ehemaliges Jugoslawien, Rumänien, Slowakei, gelegentlich in Nordeuropa.
**Literatur:** Mayer 1977, 53–63, Taf. 11,131–12,163; Kibbert 1980, 69–70, Taf. 5,37–5,37A; Pászthory/Mayer 1998, 25–27, Taf. 2,17–2,20.

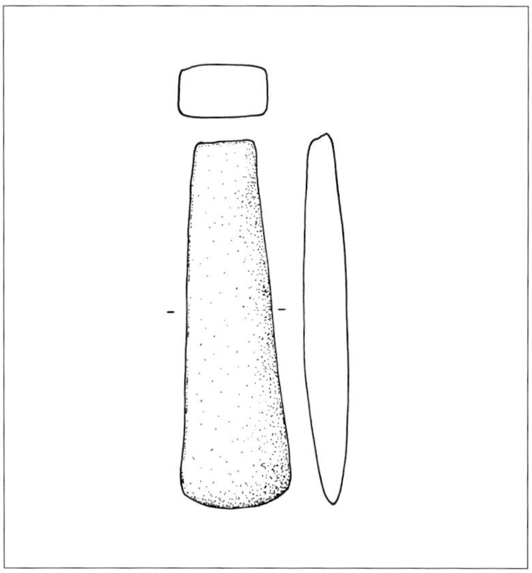

4.1.2.2.

### 4.1.2.2. Trapezförmiges Flachbeil Typ Stollhof

**Beschreibung:** Die im Umriss trapezförmigen Beile vom Typ Stollhof sind relativ groß und schwer. Der Nacken ist gerade, die Schneide leicht gebogen. Der Querschnitt des Beilkörpers ist rechteckig.
**Material:** Kupfer.
**Datierung:** Kupferzeit (Badener Kultur, Altheimer Gruppe), 3800–3000 v. Chr.
**Verbreitung:** Mittel- bis Südostdeutschland, Slowakei, Böhmen, Mähren, Österreich, Oberitalien und Ungarn.
**Literatur:** Mayer 1977, 45–48, Taf. 9,93–9,100; Pászthory/Mayer 1998, 23–25, Taf. 1,9–2,16.

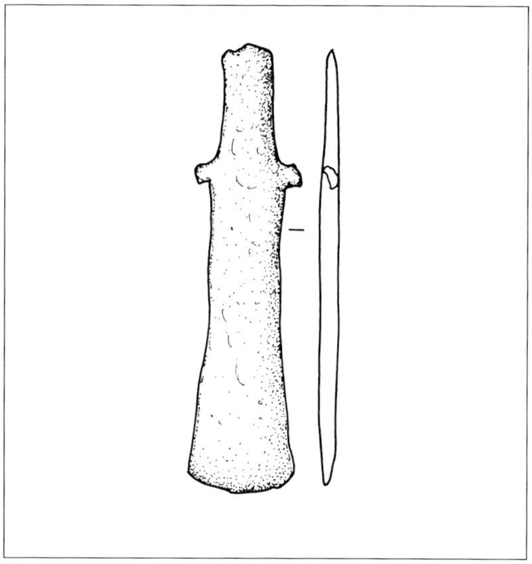

4.1.3.

### 4.1.3. Ärmchenbeil

**Beschreibung:** Die geradlinigen Seitenkanten werden durch die Ärmchenbildung unterbrochen. Dabei kann es sich um einen Knick oder deutlich abgesetzte Ärmchen handeln. Die Beile haben ein rechteckig-trapezoides Blatt, die Ärmchen kragen horizontal zur Längsachse über den Beilkörper hinaus und bilden so die kreuzförmige Gestalt. Durch die Ärmchen werden die Beile in einen Schaftteil und einen Schneidenteil gegliedert.

**Material:** Im deutschsprachigen Raum kommen nur Ärmchenbeile aus Eisen vor, sonst auch aus Bronze.
**Datierung:** frühe Eisenzeit, Ha C bis D, 800–500 v. Chr.
**Verbreitung:** östliches Mitteleuropa vom mittleren Odergebiet bis nach Griechenland und Zentralanatolien.
**Literatur:** Mayer 1977, 235–242, Taf. 94,1402–96,1435; Dobiat 1980, 143, Taf. 7,5; 69,16; 99,5; Stary 1982, 40–41; Wesse 1990; Pászthory/Mayer 1998, 177–179, Taf. 77,1176–77,1178; Werner 2001, 174–178; 187–188, Abb. 9,2.
**Anmerkung:** Neue Versuche haben gezeigt, dass eine Nutzung als Hobel ebenfalls möglich ist (Lobisser 2018).

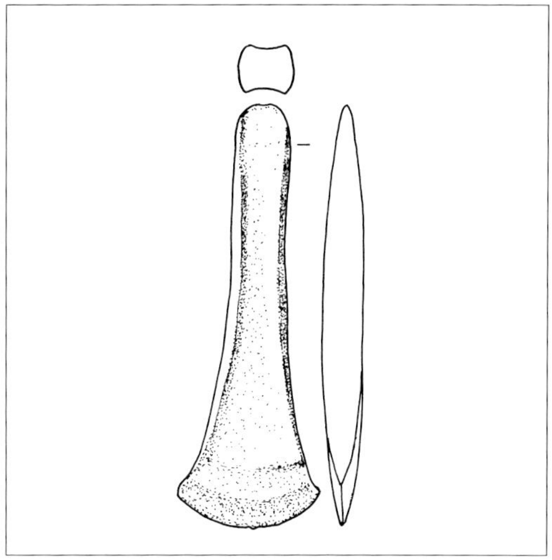

*4.2.1.*

## 4.2. Randleistenbeil

An den Rändern der Breitseiten dieser Beile befinden sich mehr oder weniger stark ausgeprägte Randleisten. Als Unterscheidungskriterium der Typen dient vor allem der Umriss der Breitseiten. Neben Typen mit relativ parallel verlaufenden Seiten, die erst zur Schneide hin ausschwingen, treten Stücke, deren Seitenkanten durch Einziehung oder Knick strukturiert sind (4.2.2. und 4.2.4.). Auch die Schneidenausformung ist sehr unterschiedlich und kann von leicht gebogen bis zu halbkreisförmig (4.2.2.1.) reichen. Der Nacken ist gerade oder gerundet und weist gelegentlich einen Ausschnitt auf. Ebenso wie das Auftreten von Seitenfacetten ist dies kein typspezifisches Kriterium.

Frühe Randleistenbeile sind aus Kupfer, die meisten wurden jedoch aus Bronze hergestellt.

### 4.2.1. Parallelseitig-geschweiftes Randleistenbeil

**Beschreibung:** Die Seitenkanten verlaufen bis zur Beilmitte parallel, dann erfolgt die Schweifung zur flachen, bogenförmig gekrümmten Schneide hin. Der Nacken ist gerade bis leicht gerundet. Seiten- und Schneidenfacetten treten häufiger auf.
**Material:** Kupfer, Bronze.
**Synonym:** Randleistenbeil mit geschwungenen Seiten; trapezoides Randleistenbeil; Randleistenbeil mit gleichmäßig geschwungenen Seiten.
**Untergeordnete Begriffe:** Randleistenbeil Typ Ankum; Randleistenbeil Typ Emmen; Randleistenbeil Typ Fußgönheim; Randleistenbeil Typ Marwedel; Randleistenbeil Typ Neyruz; Randleistenbeil Typ Riquewihr; Randleistenbeil Typ Salez.
**Datierung:** Frühbronzezeit, Bz A, 2200–1600 v. Chr.
**Verbreitung:** Schweiz, Deutschland, Frankreich, Italien, Niederlande, Dänemark.
**Literatur:** Abels 1972, 4–14, Taf. 1,1–9,133; Mayer 1977, 71–84, Taf. 16,214–16,215; 16,219–17,233; Kibbert 1980, 97–116, Taf. 8,74–12,151; Hochuli 1995, 75–78, Abb. 3; Pászthory/Mayer 1998, 32–33, Taf. 4,55–4,61; Laux 2000, 45–54, Taf. 8,119–10,163; Kienlin 2006.

#### 4.2.1.1. Pile-Beil

**Beschreibung:** Die Randleisten sind niedrig, der Nacken ist gerundet. Zum Teil sind die Beile mit einer mitgegossenen, parallel zur Schneide verlaufenden Bogenverzierung versehen. Die Schneide schwingt aus. Die Bahn ist in der Mitte nicht verjüngt. Insgesamt sind diese Beile relativ kräftig und breit.

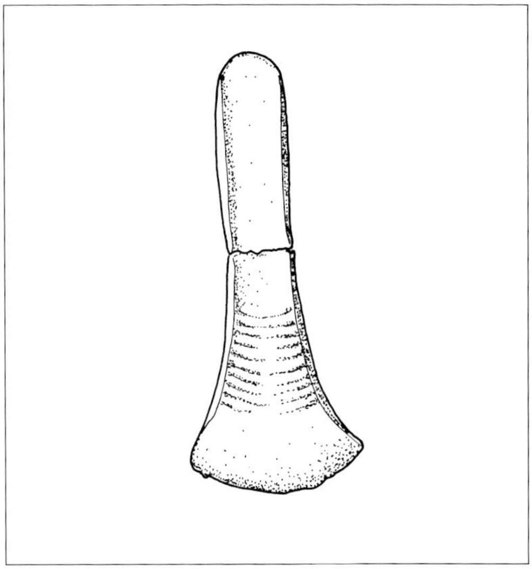

4.2.1.1.

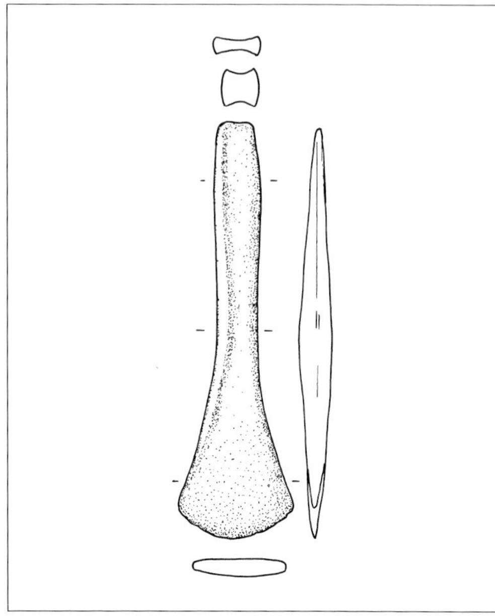

4.2.2.

**Material:** Bronze mit sehr schwachem Zinngehalt.
**Synonym:** Beil Typ Pile; Randleistenbeil Typ Pile.
**Datierung:** Nordisches Spätneolithikum II bis Nordische Frühbronzezeit (Periode I), 1950–1500 v. Chr.
**Verbreitung:** Nordeuropa, Norddeutschland.
**Literatur:** Forssander 1936, 163–180, Taf. XXXV, 2-4.6; Hachmann 1957, 60–65, Taf. 22,7–8.10.14; Kibbert 1980, 107–109; Willroth 1985, 35–50; Vandkilde 1996, 14.

### 4.2.2. Randleistenbeil mit eingezogener Beilmitte

**Beschreibung:** Der Beilkörper ist in der Mitte deutlich eingezogen und verbreitert sich zur annähernd halbkreisförmigen, z.T. auch deutlich überhalbkreisförmigen Schneide hin wieder. Oft hat er eine Rast, gelegentlich verbreitern sich im Bereich der Rast die Randleisten. Seiten- und Schneidenfacetten können auftreten. Der Nacken kann gerade oder gerundet sein und gelegentlich auch einen Ausschnitt aufweisen. An einigen Stücken konnten Mittelgrate beobachtet werden. Es kommen auch sehr schwere Beile mit Schneidenbreiten, die deutlich über den üblichen Werten liegen, vor.
**Material:** Bronze.
**Synonym:** Randleistenbeil mit eingezogenen Schmalseiten; Randleistenbeil mit stark geschwungener Schneide.
**Untergeordnete Begriffe**: Randleistenbeil Typ Barskamp; Randleistenbeil Typ Basdahl; Randleistenbeil Typ Dahlenburg; Randleistenbeil Typ Herbrechtingen; Randleistenbeil Typ Ilanz; Randleistenbeil Typ Kläden; Randleistenbeil Typ Leveste; Randleistenbeil Typ Luzern; Randleistenbeil Typ Meilen; Randleistenbeil Typ Möhlin; Randleistenbeil Typ Sigriswil; Randleistenbeil Typ Uelzen; Randleistenbeil Typ Unterbimbach; Randleistenbeil Typ Veltheim.
**Datierung:** jüngere Frühbronzezeit bis mittlere Bronzezeit, Bz A2 bis B, 2000–1500 v. Chr.
**Verbreitung:** Deutschland, Jütland, Österreich, Schweiz, Italien, Frankreich, Böhmen.
**Literatur:** Abels 1972, 34–47, Taf. 17,238–24,333; Kibbert 1980, 157–185, Taf. 22,323–31,450; Laux 2000, 29–38, Taf. 2,28–5,80.

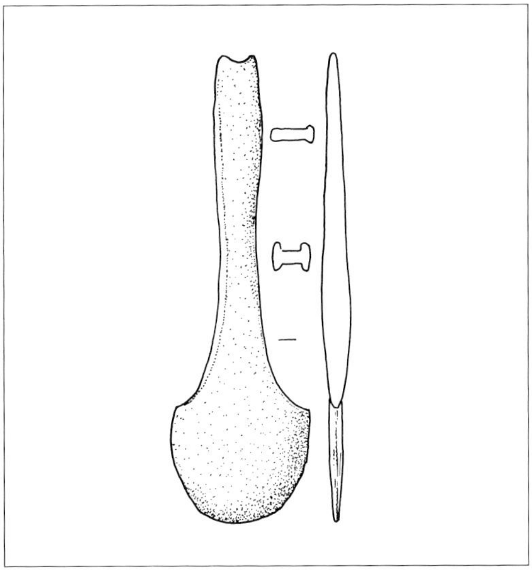

*4.2.2.1.*

## 4.2.2.1. Randleistenbeil Typ Langquaid

**Beschreibung:** Die Seiten ziehen deutlich ein und schwingen dann zur Schneide hin wieder aus. Die Randleisten erstrecken sich oft bis in die Ecken der Schneide. Diese ist halbkreisförmig und trägt oft eine Schneidenfacette. Auch die Seiten sind manchmal facettiert. Der Nacken ist gerade oder gerundet und kann einen Ausschnitt tragen.
**Material:** Bronze.
**Untergeordnete Begriffe:** Randleistenbeil Typ Langquaid I; Randleistenbeil Typ Langquaid II.
**Datierung:** jüngere Frühbronzezeit, Bz A2, 2000–1600 v. Chr.
**Verbreitung:** Süd- und Westdeutschland, Österreich, Schweiz, Böhmen, vereinzelt bis Niedersachsen.
**Literatur:** Abels 1972, 34–41, Taf. 17,240–21,296; Mayer 1977, 91–96, Taf. 18,267–20,287; Kibbert 1980, 165–171, Taf. 25,366–27,399; Hochuli 1995, 77–79, Abb. 6, Taf. 1,3; Pászthory/Mayer 1998, 42–46, Taf. 7,99–9,119; Laux 2000, 38–39, Taf. 5,76–5,82; Brandherm 2004; Kienlin 2007.

## 4.2.2.2. Sächsisches Randleistenbeil

**Beschreibung:** Der Beilkörper ist in der Mitte deutlich eingezogen und verbreitert sich zur Schneide hin. Die Schmalseiten sind langgezogen rautenförmig bzw. weidenblattförmig. Der Nacken ist in der Regel rund, gelegentlich auch gerade, die Schneide gebogen.
**Material:** Bronze.
**Synonym:** Randleistenbeil vom sächsischen Typ.
**Untergeordnete Begriffe:** Randleistenbeil Typ Bennewitz.
**Datierung:** jüngere Frühbronzezeit, Bz A2, 2000–1600 v. Chr.
**Verbreitung:** Mitteldeutschland, Polen, Böhmen, Mähren, Slowakei, Österreich, Bayern, Schweiz.
**Literatur:** Kibbert 1980, 157–164, Taf. 22,323–24,365; Pászthory/Mayer 1998, 29–32, Taf. 3,31–4,46; Kienlin 2007.

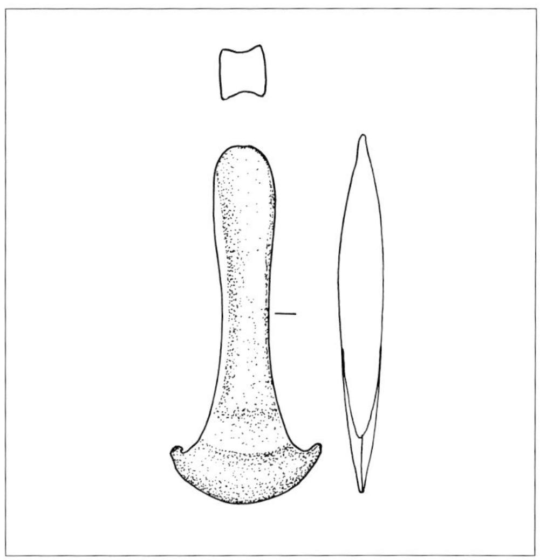

*4.2.2.2.*

## 4.2.3. Löffelbeil

**Beschreibung:** Die Bahn ist relativ schmal, ebenso wie die Schneide, die aber halbkreis- oder überhalbkreisförmig ist. Die Beile sind häufig langgestielt. Die Randleisten erstrecken sich vom Nacken

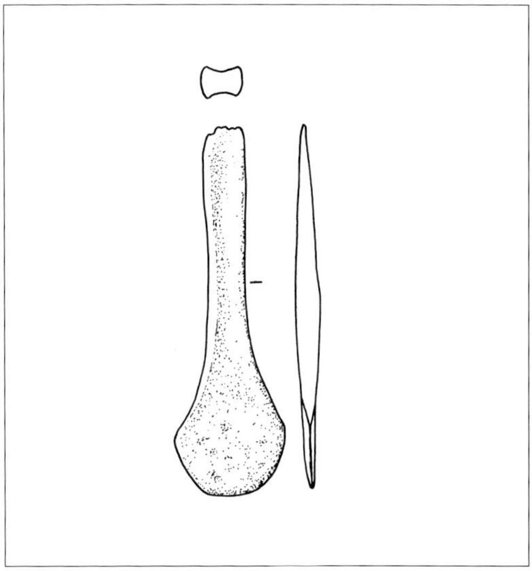

4.2.3.

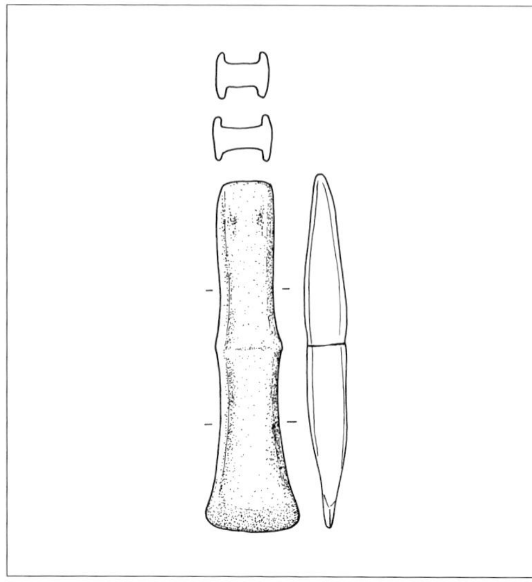

4.2.4.

bis zum Ansatz der Schneide. Einige Stücke besitzen eine Mittelrippe. Ein Teil der Löffelbeile ist verziert, gelegentlich treten Seitenfacetten auf. Der Nacken ist gerade oder gerundet und kann einen Ausschnitt tragen.

**Material:** Bronze.

**Synonym:** löffelförmiges Randleistenbeil.

**Untergeordnete Begriffe:** Randleistenbeil Typ Buchau; Randleistenbeil Typ Clucy; Randleistenbeil Typ Lausanne I; Randleistenbeil Typ Lausanne II; Randleistenbeil Typ Rümlang.

**Datierung:** jüngere Frühbronzezeit bis mittlere Bronzezeit, Bz A2 bis B, 2000–1500 v. Chr.

**Verbreitung:** Mitteleuropa, Frankreich, Italien.

**Literatur:** Abels 1972, 17–31, Taf. 11,162–15,223; Kibbert 1980, 116–120, Taf. 13,152–13,156; Hafner 1995; Hochuli 1995, 77; Pászthory/Mayer 1998, 34–39, Taf. 5,63–6,81.

### 4.2.4. Geknicktes Randleistenbeil

**Beschreibung:** Durch abruptes Ausschwingen und sofortiges Einziehen der Seitenkanten in der Mitte des Beilkörpers entsteht ein scharfer oder abgerundeter Knick. Bei einigen Typen enden hier die Randleisten, bei anderen ziehen sie bis in den Schneidenbereich hinein. Im mittleren Bereich des Beils kann sich eine mehr oder weniger ausgeprägte Rast befinden. Die Schneide ist bogenförmig. Der Nacken ist gerade oder gerundet und kann in einigen Fällen einen Ausschnitt aufweisen. Die Schmalseiten sind manchmal facettiert, auch Schneidenfacetten treten auf. Einige Beile sind verziert. Auch Mittelrippen auf den Breitseiten sind belegt. Zum Teil treten sehr schmale, zum Teil auch sehr breite Formen auf.

**Material:** Bronze.

**Synonym:** Randleistenbeil mit geknickten Schmalseiten; Randleistenbeil mit geknickten Seiten, endständiges Randleistenbeil, oberständiges Randleistenbeil.

**Untergeordnete Begriffe:** Randleistenbeil Typ Baltringen; Randleistenbeil Typ Friedewald; Randleistenbeil Typ Fritzlar; Randleistenbeil Typ Martigny; Randleistenbeil Typ Neerach; Randleistenbeil Typ Ollon.

**Datierung:** jüngere Frühbronzezeit bis mittlere Bronzezeit, Bz A2 bis C, 2000–1300 v. Chr.

**Verbreitung:** Mitteleuropa, südliches Nordeuropa; Frankreich, Niederlande, Italien.

**Literatur:** Abels 1972, 48–58, Taf. 24,336–28,391; Kibbert 1980, 126–137, Taf. 14,170–15,200A; Pászthory/Mayer 1998, 54–55, Taf. 15,207–16,216; Laux 2000, 62–67, Taf. 13,198–15,231.

### 4.2.4.1. Randleistenbeil Typ Cressier

**Beschreibung:** Nur im oberen Teil des Beiles befinden sich die Randleisten. Die Seitenkanten knicken unterhalb des Schaftteils seitwärts nach außen, um sofort wieder mehr oder weniger stark einzuziehen und danach leicht geschwungen zur halbkreisförmigen Schneide auszulaufen. Der Knick kann scharf oder leicht gerundet sein. Die Beile weisen Schneiden- und Seitenfacetten auf. Es gibt Varianten mit relativ breiten Blättern. Der Nacken ist gerade oder gerundet und hat gelegentlich einen Ausschnitt.

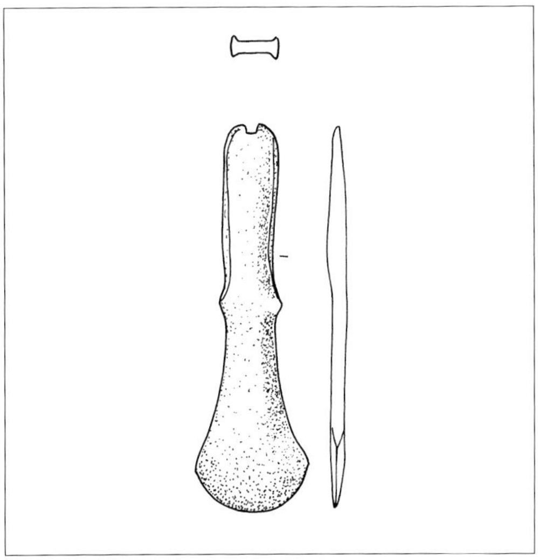

*4.2.4.1.*

**Material:** Bronze.
**Datierung:** mittlere Bronzezeit, Bz B bis C, 1600–1300 v. Chr.
**Verbreitung:** Ostfrankreich, Schweiz, Süd- und Mitteldeutschland, Italien.
**Literatur:** Abels 1972, 51–56, Taf. 25,349–27,384; Kibbert 1980, 131–133, Taf. 14,185–15,188.

### 4.2.5. Parallelseitiges Randleistenbeil

**Beschreibung:** Bei einigen Formen verlaufen die Seiten im oberen Bereich annähernd parallel und verbreitern sich unterhalb der Bahnmitte leicht zur Schneide hin, bei anderen Varianten besteht die Parallelität bis zur Schneide, welche dann ausschwingt. Die Seitenansicht ist langgezogen weidenblattförmig. Meist ist der Bahnquerschnitt konkav, kann aber auch rechteckig sein. Gelegentlich treten auch beide Querschnittsformen an einem Stück auf. Facettierung auf der Schneide und den Schmalseiten ist möglich. Bei manchen Beilen befindet sich im Bereich der Beilmitte eine leichte Rast. Der Nacken ist gerade oder gerundet und kann einen Ausschnitt aufweisen. Neben langgestreckten Varianten kommen auch eher gedrungene Beile vor.
**Material:** Bronze.
**Synonym:** Randleistenbeil mit annähernd (nahezu) parallelen Seiten.
**Untergeordnete Begriffe:** Lochham-Beil; Randleistenbeil Typ Crailsheim; Randleistenbeil Typ Eschheim; Randleistenbeil Typ Findorf; Randleistenbeil Typ Hämelerwald; Randleistenbeil Typ Mägerkingen; Randleistenbeil Typ Nehren; Randleistenbeil Typ Oldendorf; Randleistenbeil Typ Schutschur; Randleistenbeil Typ Schwinge; Randleistenbeil Typ Suderburg-Oldenstadt.
**Datierung:** jüngere Frühbronzezeit bis mittlere Bronzezeit, Bz A2 bis C, 2000–1300 v. Chr.
**Verbreitung:** Deutschland, Schweiz, Frankreich, Oberösterreich.

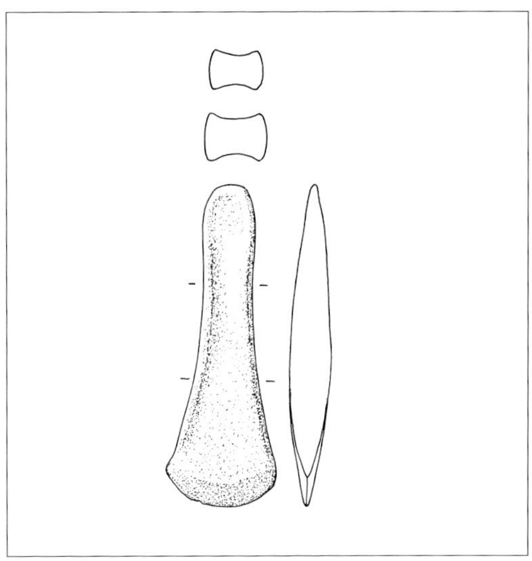

*4.2.5.*

**Literatur:** Abels 1972, 59–73, Taf. 28,395–34,488; Kibbert 1980, 137–156, Taf. 16,201–21,313; Pászthory/Mayer 1998, 41–42; 59–68, Taf. 7,96–7,98; 17,238–21,316; Laux 2000, 39–45, Taf. 5,83–8,118.

### 4.2.6. Stegbeil

**Beschreibung:** Dieser Beiltyp hat hohe Randleisten und eine kräftig entwickelte Querleiste, die sich ungefähr in der Beilmitte befindet. Die Seiten verlaufen parallel. Der Querschnitt der Bahn ist annähernd rechteckig. Die Schneide ist bogenförmig. Die Schmalseiten können facettiert sein.
**Material:** Bronze.
**Datierung:** Frühphase ältere Bronzezeit, Periode II, 1500–1400 v. Chr.
**Verbreitung:** Norddeutsche Tiefebene, Britische Inseln, Frankreich, Niederlande.
**Literatur:** Laux 2000, 86–90, Taf. 21,333–22,346.

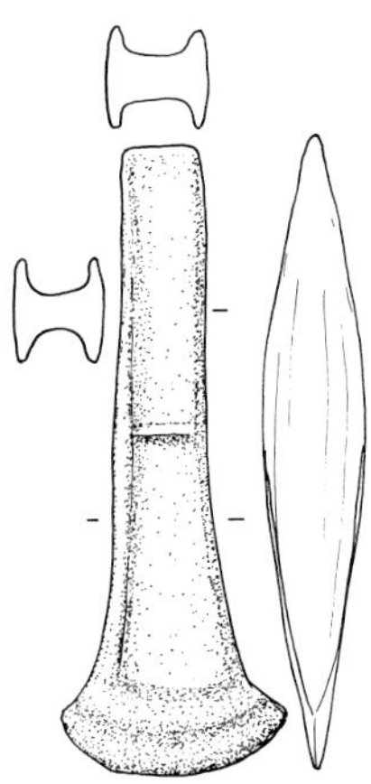

*4.2.6.*

## 4.3. Absatzbeil

Die bronzenen Beile weisen einen Absatz auf, der den Schaft- vom Schneidenteil trennt und als Schäftungshilfe diente. Dieser Absatz kann unterschiedlich gestaltet sein, sei es als offener Absatz oder spitz, gerade oder gerundet verlaufend. Gelegentlich wurde die Form des Absatzes als wichtigstes Charakteristikum für die Benennung des Typs gewählt (4.3.1. bis 4.3.3.). Auch die Höhe des Absatzes variiert, was aber kein typspezifisches Kriterium ist. Der Absatz kann durch einen Wulst verstärkt sein, der sich entweder nur auf die Breitseiten erstreckt (4.3.3. und 4.3.6.) oder ganz umläuft (4.3.5.). Einige Beile besitzen mehrere hintereinander liegende schmale Wülste, die eine deutliche Abgrenzung zwischen Schäftungs- und Schneidenteil bilden (4.3.4.). Der Schäftungsteil weist in der Regel mehr oder weniger parallel verlaufende Seitenkanten mit Randleisten auf, deren Höhe von sehr niedrig bis hoch variieren kann. Auch auf den Schneidenteilen finden sich bei einigen Beiltypen deutlich ausgeprägte Randleisten. Die Schneiden verlaufen gerade bis halbrund gebogen, einige Typen weisen breite Schneidenfacetten auf. Die Nacken der Absatzbeile sind gerade oder rund ausgebildet und besitzen gelegentlich einen Ausschnitt. Alle drei Nackenbildungen können innerhalb eines Typs auftreten.

Nur wenige Absatzbeile tragen eine vertikale Öse auf einer Schmalseite, oft im Bereich des Absatzes (4.3.3. und 4.3.7.). Deutlich häufiger kommen Schildbögen auf den Schmalseiten vor.

Neben ganz schlichte Absatzbeile treten solche mit teilweise reichen Verzierungen (4.3.4. bis 4.3.6.). Einige Typen tragen im mittleren Bereich des Schneidenteils eine vertikale Rippe, neben der rechts und links mehr oder weniger tiefe Rinnen verlaufen können (4.3.3., 4.3.5. und 4.3.7.). Besonderheiten bei der Verzierung zeigen die Beile mit Hängebogenzier (4.3.8.1.), die eine hängende bogenförmige oder spitz zulaufende Rippe unterhalb des Absatzes aufweisen, und die Y-Absatzbeile (4.3.8.2.) mit ihrer Y-förmigen Rippenverstrebung unterhalb des Absatzwulstes.

### 4.3.1. Absatzbeil mit Absatzzunge oder offenem Absatz

**Beschreibung:** Die in der oberen Beilhälfte fast parallel verlaufenden Randleisten nähern sich durch die unvermittelte Einziehung der Schmal-

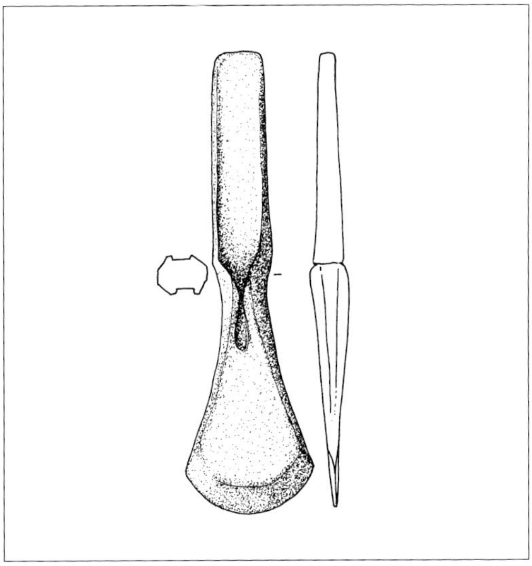

4.3.1.

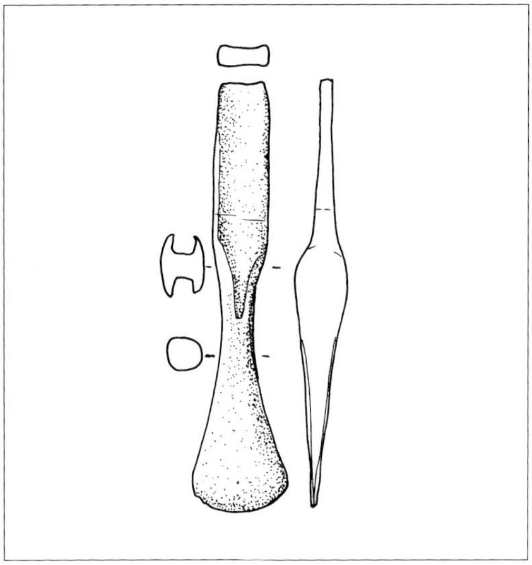

4.3.2.

seiten in der Mittelpartie z.T. bis zum Anstoß an. Zudem wird die Bahn dicker, woraus der Absatz entsteht. Die zusammengezogenen Seiten laufen im Schneidenteil gleichmäßig geschwungen zur breiten, halbrund verlaufenden Schneide aus. Typisch sind breite Schneidenfacetten.

**Material:** Bronze.

**Datierung:** Übergang jüngere Frühbronzezeit zu mittlerer Bronzezeit; Übergang von Bz A2 zu Bz B, um 1600 v. Chr.

**Verbreitung:** Bayern, Hessen, Rheinpfalz, Böhmen, Mähren, Österreich, Slowakei, Ungarn, Rumänien.

**Literatur:** Mayer 1977, 112–114, Taf. 24, 348–25,362; Pászthory/Mayer 1998, 76–78, Taf. 24,364–26,391.

### 4.3.2. Absatzbeil mit spitzer Rast

**Beschreibung:** Die Seitenkanten der Schaftbahn verlaufen weitgehend parallel. Die schlanken Beile haben nur niedrige Randleisten, welche unterhalb der Beilmitte deutlich nach innen einbiegen, sich aufwölben und V-förmig abschließen. Nach dieser Einziehung im Mittelteil schwingt der Schneidenteil wieder aus. Die Schneide kann gerade oder gebogen sein. Der Nacken ist gerade oder gerundet und kann einen Ausschnitt haben.

**Material:** Bronze.

**Synonym:** Böhmisches Absatzbeil.

**Datierung:** mittlere bis späte Bronzezeit; Bz B bis Ha A, 1600–1050 v. Chr.

**Verbreitung:** Mittel- und Süddeutschland, Niedersachsen, Böhmen, Mähren, Österreich, Slowakei, Ungarn, Rumänien.

**Literatur:** Novotná 1970, 38–42, Taf. 11,213–13,243; Tackenberg 1971, 12–13, Taf. 2,1–2; Mayer 1977, 115–123, Taf. 25,372–30,433; Kibbert 1980, 284, Taf. 55,848–55,850; Pászthory/Mayer 1998, 78–87, Taf. 26,392–30,449; Laux 2000, 182–184, Taf. 70,1037–70,1043.

### 4.3.3. Absatzbeil mit gerader oder gerundeter Rast

**Beschreibung:** Die häufig dicken, massiven Stücke haben einen geraden oder schwach gewölbten Absatz, der zum Teil durch einen Wulst verstärkt ist, der sich allerdings auf die Breitseiten beschränkt. Der Schaftteil ist meist parallelseitig. Die Form des Schneidenteils kann leicht trapezförmig sein oder auch im unteren Teil eine mehr

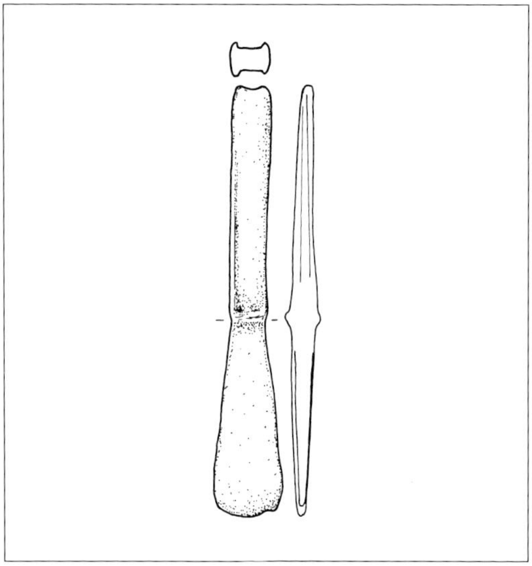

*4.3.3.*

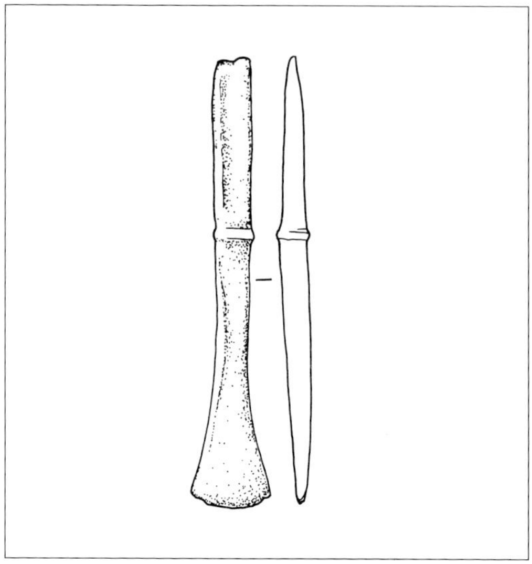

*4.3.4.*

oder weniger deutliche Ausschwingung zur Schneide aufweisen. Bei wenigen Stücken ziehen die Seiten direkt unterhalb des Absatzes ein und schwingen dann zur Schneide hin gleichmäßig wieder aus. Der Nacken ist gerade oder gerundet, ein Ausschnitt ist selten vorhanden. Neben ganz schlichten Beilen kommen gelegentlich auch solche mit Randleisten, Schildbögen auf den Schmalseiten oder Mittelrippe auf dem Schneidenteil vor. Selten ist eine vertikale Öse im Bereich des Absatzes auf der Schmalseite vorhanden.
**Material:** Bronze.
**Synonym:** schlichtes Absatzbeil.
**Untergeordnete Begriffe:** Absatzbeil Typ Ermke; Absatzbeil Typ Klingenmünster; Absatzbeil Typ Oldenburg; Absatzbeil Typ Rhein bei Mainz.
**Datierung:** mittlere bis späte Bronzezeit, Bz B bis Ha A1, 1600–1100 v. Chr. (nach Kibbert); ältere bis beginnende jüngere Bronzezeit, Periode II bis IV, 1500–950 v. Chr. (nach Laux).
**Verbreitung:** Deutschland, Jütland, Niederlande, Frankreich, Großbritannien, Spanien.
**Literatur:** Mayer 1977, 124, Taf. 30,444–31,448; Kibbert 1980, 237–278, Taf. 39,578–54,836; Pászthory/Mayer 1998, 88–90, Taf. 30,453–31,467; Laux 2000, 123–148; 179–181, Taf. 43,614–55,801; 69,1020–69,1031.

### 4.3.4. Nordisches Absatzbeil

**Beschreibung:** Schaftteil, Mittelwulst bzw. gelegentlich auch mehrere schmale hintereinanderliegende Mittelwülste und Schneidenteil sind deutlich voneinander abgegrenzt. Die Schaftbahn ist in der Regel gerade und endet leicht oberhalb des Wulstes. Auf dem Schneidenteil finden sich deutlich ausgeprägte Randleisten. Häufig sind Beile dieses Typs verziert.
**Material:** Bronze.
**Synonym:** Absatzbeil vom nordischen Typ.
**Datierung:** ältere Bronzezeit, Periode II, 1500–1300 v. Chr.
**Verbreitung:** Südskandinavien, Norddeutschland.
**Literatur:** Piesker 1964; Kibbert 1980, 222–224, Taf. 36,531–532; Laux 2000, 166–173, Taf. 65,964–66,987.

### 4.3.5. Absatzbeil vom Osthannover-Typ

**Beschreibung:** Die parallel verlaufenden Seiten des Schäftungsteiles treffen in einem rechteckigen Absatz auf einen umlaufenden Wulst. Auf dem im Umriss nahezu rechteckigen bis parallelseitig-geschweiften Schneidenteil befinden sich

häufig Randleisten. Verzierung ist selten. Gelegentlich kommt im mittleren Bereich des Schneidenteils eine vertikale Rippe vor, neben der rechts und links mehr oder weniger tiefe Rinnen verlaufen können.
**Material:** Bronze.
**Synonym:** nordwestdeutsches Absatzbeil; Absatzbeil vom Osthannöver-Typ; Absatzbeil vom Osthannoverschen Typ.
**Datierung:** ältere Bronzezeit, Periode II, 1500–1300 v. Chr.
**Verbreitung:** Niedersachsen, Schleswig-Holstein, Dänemark, selten in Westfalen und Mitteldeutschland.
**Literatur:** Piesker 1964; Kibbert 1980, 219–221, Taf. 36,527–36,530; Laux 2000, 149–166, Taf. 55,802–65,960.

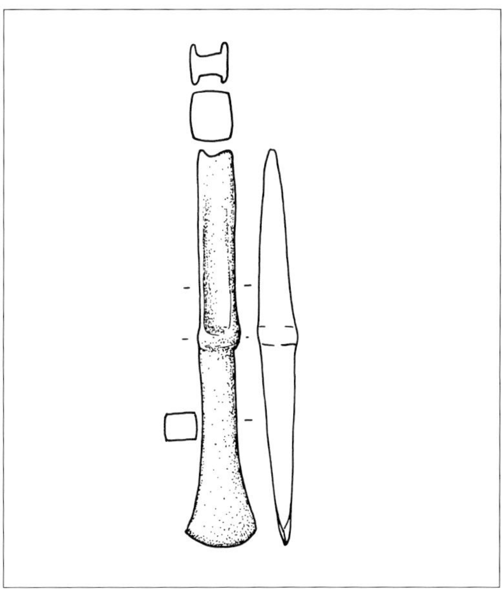

*4.3.5.*

## 4.3.6. Absatzbeil vom Südhannover-Typ

**Beschreibung:** Ein wulstartiger Absatz trennt auf den Breitseiten den Bahn- vom Schneidenteil, wohingegen die Schmalseiten glatt sind. Randleisten auf dem Schneidenteil kommen gelegentlich vor. Zum Teil sind die Beile verziert.

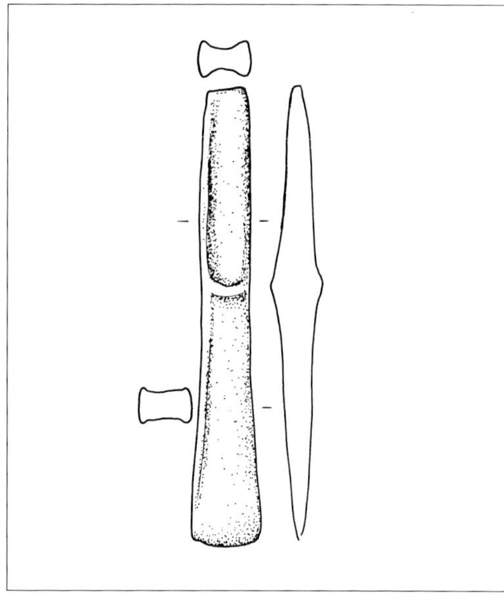

*4.3.6.*

**Material:** Bronze.
**Datierung:** ältere Bronzezeit, Periode II, 1500–1300 v. Chr.
**Verbreitung:** Niedersachsen.
**Literatur:** Laux 2000, 174–177, Taf. 67, 996–68,1013.

## 4.3.7. Norddeutsches Absatzbeil

**Beschreibung:** Die Schaftbahn ist gerade, gelegentlich können die Ränder auch leicht geschwungen sein. Im mittleren Bereich des Beiles läuft die Schaftbahn rundlich bis rechteckig in einem kräftigen Absatzwulst aus. Die Schmalseiten sind gewölbt. Auf den Breitseiten des Schneidenteils befinden sich Randleisten. Die Beile haben immer eine Mittelrippe auf dem Schneidenteil, neben der rechts und links muldenförmige Vertiefungen liegen. Schneidenfacetten treten regelhaft auf. Es kommen Formen mit und ohne Schildbögen auf den Schmalseiten vor. Wenige Beile dieses Typs tragen eine vertikale Öse an der Schmalseite.
**Material:** Bronze.
**Synonym:** Absatzbeil Typ Kappeln.

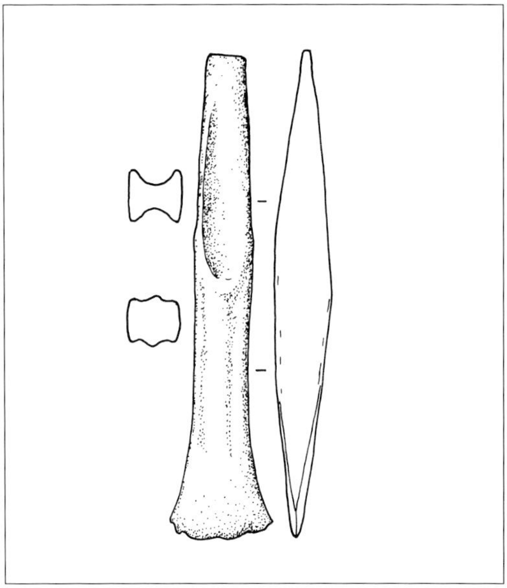

4.3.7.

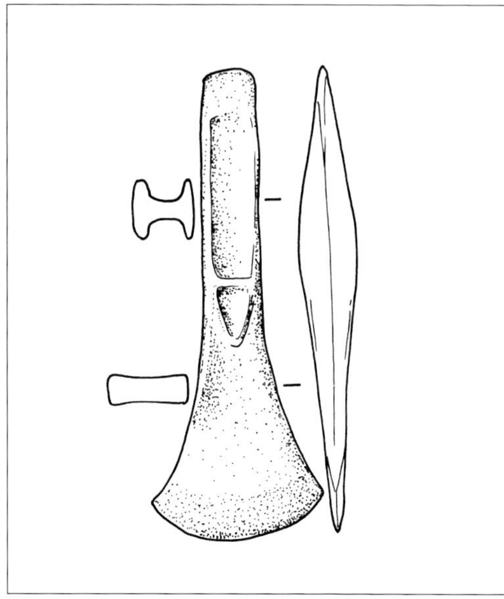

4.3.8.1.

**Datierung:** ältere bis Beginn jüngere Bronzezeit, Periode II bis IV, 1500–950 v. Chr.
**Verbreitung:** Norddeutschland, Südskandinavien, selten in Mitteldeutschland und Böhmen.
**Literatur:** Kibbert 1980, 201–213, Taf. 32,483–34,515; Laux 2000, 104–123, Taf. 29,439–42,613.

### 4.3.8. Westeuropäisches Absatzbeil

Unter diesem Begriff werden Beile zusammengefasst, deren Form aus Westeuropa stammt, die aber auch in größerer Anzahl im deutschsprachigen Bereich vorkommen.

#### 4.3.8.1. Absatzbeil mit Hängebogenzier

**Beschreibung:** Dieser Beiltyp ist gekennzeichnet durch eine hängende bogenförmige oder spitz zulaufende Rippe unterhalb des Absatzes. Dieser kann gerade oder leicht gerundet sein. Die Randleisten sind in der Regel relativ hoch. Der Schneidenteil schwingt deutlich aus. Der Nacken ist gerade bis leicht gerundet. Einige Beile besitzen Schildbögen auf den Schmalseiten.
**Material:** Bronze.
**Synonym:** Hängebogen-Absatzbeil.
**Datierung:** ältere Bronzezeit, Periode II, 1500–1300 v. Chr.
**Verbreitung:** Niederlande, norddeutsches Flachland bis zur Ostsee, Jütland, Südengland, Nordfrankreich.
**Literatur:** Kibbert 1980, 189–197, Taf. 32,470–32,475; Laux 2000, 90–93, Taf. 22,347–22,353.

#### 4.3.8.2. Y-Absatzbeil

**Beschreibung:** Charakteristisch für diesen Beiltyp ist die Y-förmige Rippenverstrebung unterhalb des Absatzwulstes. Der Umriss des Schaftteiles ist parallelseitig, die Schneide beschreibt einen flachen Bogen. Schildbögen sitzen an den unteren Schmalseiten.
**Material:** Bronze.
**Untergeordnete Begriffe:** Absatzbeil Typ Ilsmoor; Absatzbeil Typ Neukloster (Ilsmoor); Absatzbeil Typ Leer, Absatzbeil Typ Wiegersen.
**Datierung:** ältere Bronzezeit, Periode II bzw. mittlere Bronzezeit, Bz C, 1500–1300 v. Chr.
**Verbreitung:** Niederlande, Niedersachsen, Schleswig-Holstein, Dänemark, Schweden,

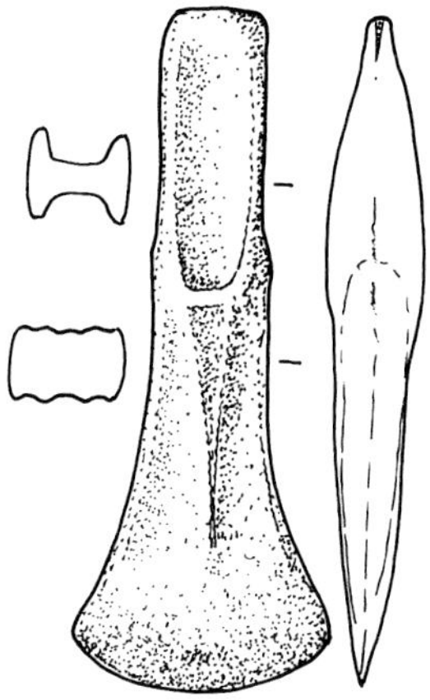

*4.3.8.2.*

Großbritannien, Frankreich, selten in Nordrhein-Westfalen und Hessen.
**Literatur:** Kibbert 1980, 189–200, Taf. 32,476–32,480; Laux 2000, 93–96, Taf. 22,355–24,380.

## 4.4. Lappenbeil

Als Schäftungshilfen dienen umgelegte Metallstreifen, die so genannten Lappen, die in unterschiedlichen Höhen am Beilkörper angebracht sind. Die Einteilung in Typen erfolgt danach, in welchem Teil des Beiles sich die Lappen hauptsächlich befinden, also in endständige, oberständige, mittelständige und unterständige Lappenbeile.

Auffällig ist die recht einheitliche Form der Lappenbeile. So haben alle eine gerade bis leicht gebogene Schneide und einen geraden, konkaven oder gerundet zangenförmig verlaufenden Nacken. Die Seiten der Schaftbahnen verlaufen oberhalb der Lappen meist mehr oder weniger parallel. Allen Formen gemeinsam ist auch, dass sie gelegentlich Ösen an einer Schmalseite in der oberen Beilhälfte aufweisen.

Ein Großteil der Lappenbeile ist aus Bronze, aber auch eiserne Stücke treten auf.

### 4.4.1. Mittelständiges Lappenbeil

**Beschreibung:** Der Hauptanteil der Lappen befindet sich im mittleren Drittel des Beiles auf der Breitseite. Es gibt Stücke mit und ohne Öse. Der Nacken kann gerade, konkav oder gerundet zangenförmig sein. Die Schneide ist meist leicht gebogen.
**Material:** Bronze.
**Untergeordnete Begriffe:** Lappenbeil Typ Freudenberg; Lappenbeil Typ Gmunden; Lappenbeil Typ Greiner Strudel; Lappenbeil Typ Grigny; Lappenbeil Typ Kösching; Lappenbeil Typ Lindenstruth-Obernbeck; Lappenbeil Typ Zapfendorf.
**Datierung:** mittlere bis jüngere Bronzezeit, Periode III bis frühe Periode V, 1300–900 v. Chr.; mittlere bis späte Bronzezeit, Bz C bis Ha B1, 1500–950 v. Chr.
**Verbreitung:** Süd-, West- und Mitteldeutschland, Niedersachsen, Österreich, Böhmen, Mähren, Slowakei, Ungarn, Oberitalien, Frankreich, Westschweiz.
**Literatur:** Kibbert 1984, 39–56; 58–65, Taf. 3,34–9,117; 10,138–14,188; Pászthory/Mayer 1998, 92–117, Taf. 31,474–40,597; 42,611–43,627; 44,636–44,646; Laux 2005, 11–14 (bzw. 18), Taf. 1,7–2,13 (bzw. 3,33) .

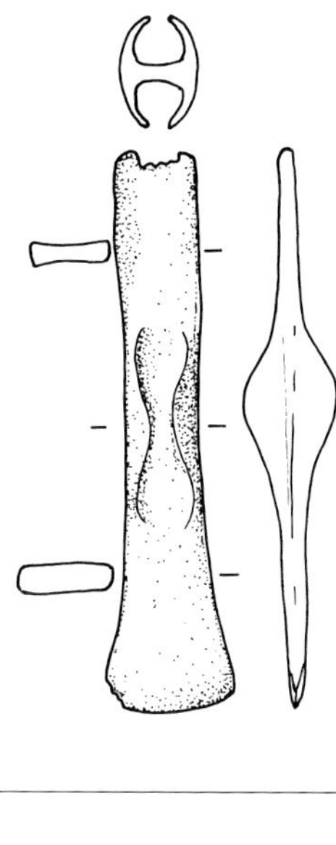

*4.4.1.*

**Anmerkung:** Laux (2005) sondert mittel- bis leicht oberständige Lappenbeile ab (Seiten- und Tafelangaben in Klammern), die aber nach unserer Definition zu den mittelständigen Lappenbeilen gehören.

### 4.4.1.1. Lappenbeil mit doppelt getrepptem Umriss

**Beschreibung:** Der Umriss der Beile ist dreigeteilt. Der obere Teil geht mit einem Absatz in die breitere, mittelständige Lappenpartie und diese mit einem weiteren Absatz in den wiederum breiteren, leicht ausschwingenden Schneidenteil über. Die Schneide ist leicht gebogen. Der Nacken ist breit mit einem zangenartigen Abschluss.

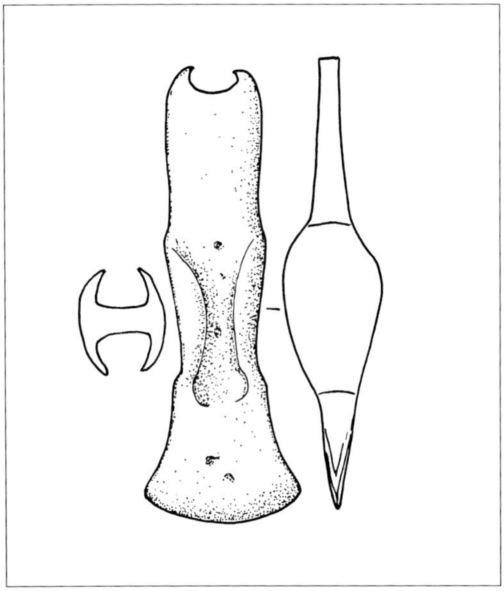

*4.4.1.1.*

**Material:** Bronze.
**Datierung:** jüngere Bronzezeit, Periode IV bis V, 1100–800 v. Chr.; späte Bronzezeit, Ha B, 1050–800 v. Chr.
**Verbreitung:** Südeuropa bis Norddeutschland.
**Literatur:** Pászthory/Mayer 1998, 115–116, Taf. 44,636–44,639; Laux 2005, 22–23, Taf. 6,61–6,63.

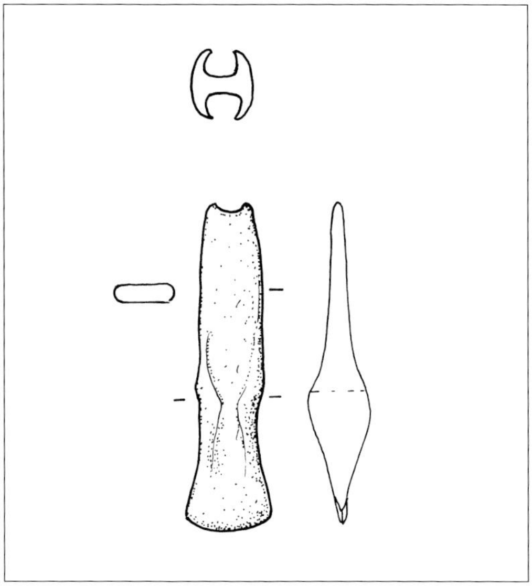

*4.4.2.*

### 4.4.2. Unterständiges Lappenbeil

**Beschreibung:** Der Hauptanteil der Lappen befindet sich im unteren Drittel des Beils. Die Schaftbahn verläuft oberhalb der Lappen mehr oder weniger parallelseitig, unterhalb schwingen die Seiten aus. Die Schneide ist meist flachbogig. Der Nacken ist gerade bis konkav.
**Material:** Bronze.
**Synonym:** Lappenbeil mit tief heruntergezogenen Lappen.
**Untergeordnete Begriffe:** Lappenbeil Typ Kasendorf.
**Datierung:** mittlere Bronzezeit, Periode III bzw. späte Bronzezeit, Bz D bis Ha A1, 1300–1100 v. Chr.
**Verbreitung:** Mittel- und Süddeutschland, Westböhmen, Niedersachsen, Hamburg, Österreich.
**Literatur:** Kibbert 1984, 31–35, Taf. 1,3–1,14; Pászthory/Mayer 1998, 117–126, Taf. 44,647–51,741; Laux 2005, 9–11, Taf. 1,3–1,5.

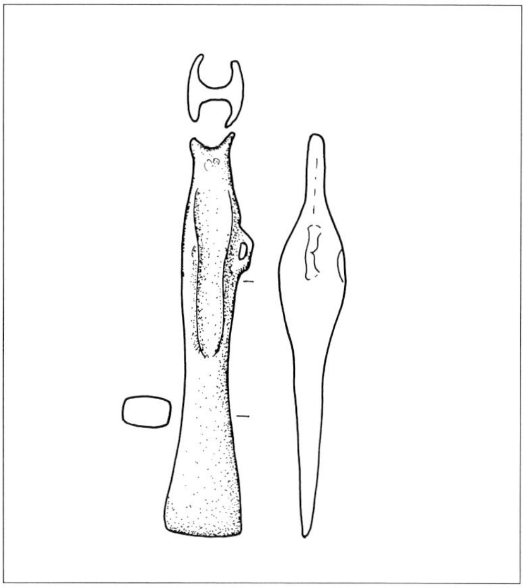

4.4.3.

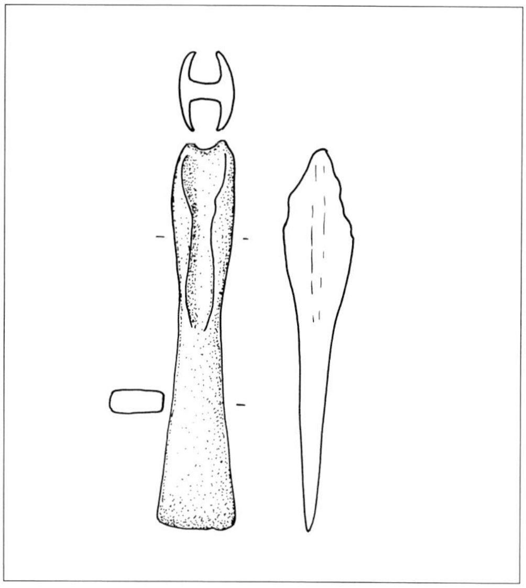

4.4.4.

### 4.4.3. Oberständiges Lappenbeil

**Beschreibung:** Der Hauptanteil der Lappen befindet sich im oberen Drittel des Beiles auf der Breitseite, wobei zwischen Nackenansatz und Lappen ein Stück frei bleibt. Meist sitzt eine vertikale Öse im oberen Bereich einer Schmalseite.
**Material:** Bronze.
**Untergeordnete Begriffe:** oberständiges Lappenbeil Typ Homburg; Lappenbeil Typ Wals.
**Datierung:** jüngere Bronzezeit, Periode IV bis Beginn Periode V bzw. späte Bronzezeit, Ha B, 1100–800 v. Chr.
**Verbreitung:** Deutschland, Österreich, Böhmen, Mähren, Slowakei, Ungarn, Frankreich, Schweiz, Jütland.
**Literatur:** Kibbert 1984, 76–114, Taf. 19,248–21,273; 22,280–36,464; Pászthory/Mayer 1998, 128–142; Laux 2005, 18–22, Taf. 3,34–4,46; 5,50–5,60.
**Anmerkung:** Pászthory und Mayer (1998) unterscheiden nicht zwischen oberständigen und endständigen Lappenbeilen. Auch Kibbert (1984) fasst z.T. ober- und endständige Lappenbeile unter einem Typ zusammen.

### 4.4.4. Endständiges Lappenbeil

**Beschreibung:** Bei diesem Beiltyp beginnen die Lappen auf der Breitseite direkt am Nacken. Unterhalb der Lappen ziehen die Seiten leicht ein, um dann zur flachbogigen bis geraden Schneide hin mehr oder weniger stark auszuschwingen. Einige Beile tragen eine vertikale Öse im Bereich des Nackens auf der Schmalseite.
**Material:** Bronze, Eisen.
**Untergeordnete Begriffe:** endständig-kurzlappiges Lappenbeil; endständiges Lappenbeil mit Schaufelblatt; endständiges Lappenbeil Typ Homburg; Lappenbeil Typ Bad Goisern; Lappenbeil Typ Hallein; Lappenbeil Typ Hallstatt.
**Datierung:** jüngere Bronzezeit, Periode V, 950–800 v. Chr.; späte Bronzezeit bis späte Eisenzeit, Ha B bis La B2, 1050–275 v. Chr.
**Verbreitung:** Deutschland, Österreich, Böhmen, Mähren, Slowakei, Ungarn, Frankreich, Schweiz, Jütland.
**Literatur:** Mayer 1977, 159–160; 167–178; 242–249, Taf. 52,720–54,734; 58,794–65,882; 97,1440–103,1507; Moosleitner u.a. 1974, Taf. 140,6; Pauli 1978, 218–220, Taf. 219,C4; Stary 1982, 36–37; Kibbert 1984, 71–74; 80–118, Taf. 17,220–17,231;

21,274–21,279; 37,465–42,552; Pászthory/Mayer 1998, 128–142; Laux 2005, 20, Taf. 4,47–5,49.
**Anmerkung:** Pászthory und Mayer (1998) unterscheiden nicht zwischen oberständigen und endständigen Lappenbeilen. Auch Kibbert (1984) fasst z.T. ober- und endständige Lappenbeile unter einem Typ zusammen.

## 4.5. Tüllenbeil

Die Schäftung erfolgt mittels einer röhrenförmigen rechteckigen oder rund-ovalen Tülle, die in einem gelegentlich recht breiten Tüllenwulst endet. Zusätzlich haben Tüllenbeile häufig horizontal angebrachte Ösen kurz unterhalb des Tüllenmundes. Während bronzene Tüllenbeile geschlossene Tüllen aufweisen, sind diese bei den eisernen Beilen (4.5.8.) entweder ganz geschlossen oder leicht geöffnet. In letzterem Fall kann die Tülle so zusammengebogen sein, dass eine offene Mittelnaht entsteht oder die Tülle ist oben geschlossen und öffnet sich nach unten in Form eines Dreiecks. Anders als die bronzenen Tüllenbeile besitzen die eisernen manchmal Nagellöcher in der Tülle.

Unterhalb des Tüllenwulstes tragen einige Bronzebeile eine oder mehrere zusätzliche Rippen (4.5.1.1., 4.5.4. bis 4.5.7.). Manchmal zeigt sich auf den Schmalseiten ein kantiger Übergang von der Tülle zum Schneidenteil (4.5.3.). Einen eigenen Typ bilden Beile mit einer deutlichen Schwellung unter Mündungswulst und gelegentlich auftretender Rippung (4.5.5.).

Die Schneiden der Tüllenbeile sind gerade bis leicht gebogen. Die Schmalseiten können gegen die Breitseiten abgekantet oder abgesetzt sein (4.5.7.). Gelegentlich trennen auch Randleisten Schmal- und Breitseiten voneinander (4.5.2.).

Bei manchen Typen treten neben unverzierten auch verzierte Stücke auf. Meist handelt es sich um eine Verzierung mittels Rippen auf der Breitseite (4.5.1.2., 4.5.2., 4.5.3. und 4.5.7.), bei den Tüllenbeilen mit Lappenornament (4.5.6.) hingegen zeigen sich auf den Breitseiten halbrunde bis ovale Lappen, die manchmal auch nur durch Rippen umrissen sind. Auch Facettierung kommt immer wieder vor.

### 4.5.1. Schlichtes vierkantiges Tüllenbeil

Charakteristisch für diese Beile ist der annähernd vierkantig ausgebildete Beilkörper unterhalb des Tüllenwulstes. Dieser Wulst ist bei den bretonischen Tüllenbeilen sehr breit (4.5.1.2.). Bei den Tüllenbeilen norddeutscher Form (4.5.1.1.) ist er deutlich schmaler, dafür kann sich darunter eine weitere Rippe befinden. Beide Typen können vertikale Ösen auf den Schmalseiten aufweisen. Auffällig ist, dass bei den bretonischen Tüllenbeilen die Schneiden oft stumpf sind.

#### 4.5.1.1. Tüllenbeil norddeutscher Form

**Beschreibung:** Der Beilkörper ist unterhalb des umlaufenden Tüllenwulstes vierkantig ausgebildet. Der Querschnitt des Schneidenteils ist viereckig mit leicht gewölbten Seiten und auch der Mündungswulst ist in der Aufsicht abgerundet vierkantig. Gelegentlich befindet sich unterhalb des Mündungswulstes eine weitere Rippe. Vertikale Ösen können sich auf den Schmalseiten befinden.
**Material:** Bronze.
**Datierung:** mittlere bis jüngere Bronzezeit, Periode III bis V, 1300–800 v. Chr.
**Verbreitung:** Norddeutschland, Polen.
**Literatur:** Laux 2005, 25–27, Taf. 6,76–7,84.

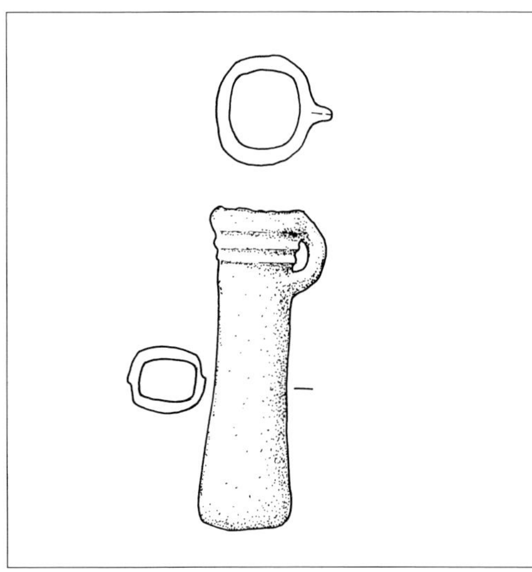

*4.5.1.1.*

### 4.5.1.2. Bretonisches Tüllenbeil

**Beschreibung:** Der Umriss ist rechteckig bis trapezoid. Der rechteckige Tüllenmund hat einen breiten, gekanteten Wulst. Die Schneide ist gerade und oft stumpf. Der Querschnitt im Schneidenteil ist scharfkantig quadratisch bis rechteckig. Beile dieses Typs sind häufig verziert. Unterhalb des Mündungswulstes kann eine vertikale Öse angebracht sein.

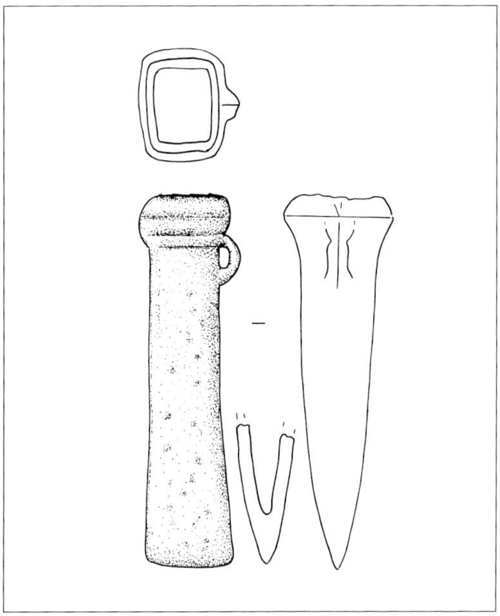

*4.5.1.2.*

**Material:** Bronze.
**Synonym:** armorikanisches Tüllenbeil.
**Untergeordnete Begriffe:** Tüllenbeil Typ Couville; Tüllenbeil Typ Frouard; Tüllenbeil Typ Plurien.
**Datierung:** jüngere bis späte Bronzezeit, Periode V bis VI, 950–550 v.Chr.; späte Bronzezeit bis frühe Eisenzeit, Ha B3 bis Ha C, 950–650 v. Chr.
**Verbreitung:** Nordwestfrankreich bis Mittel- und Norddeutschland.
**Literatur:** Kibbert 1984, 170–175, Taf. 62,821–64,858; Laux 2005, 27–29, Taf. 7,85–7,90.

### 4.5.2. Tüllenbeil mit seitlich abgesetzten Randleisten

**Beschreibung:** Mehr oder weniger stark ausgeprägte Randleisten trennen die Breit- von den Schmalseiten. Dabei können die Randleisten bis zum Mündungswulst reichen oder auf den Schmalseiten bogenförmig zusammenlaufen. Vom Mündungswulst ausgehend erstrecken sich eine oder mehrere Rippen auf die Breitseiten.

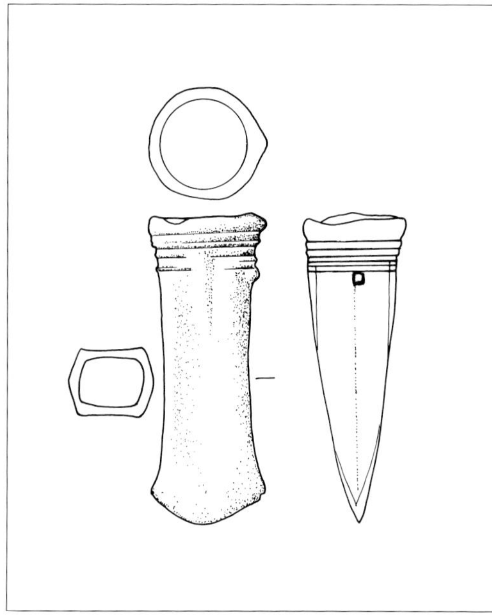

*4.5.2.*

**Material:** Bronze.
**Untergeordnete Begriffe**: Tüllenbeil Typ Koppenow; Tüllenbeil Typ Perleberg-Lenzersilge.
**Datierung:** jüngere Bronzezeit, Periode IV bis V, 1100–800 v. Chr.
**Verbreitung:** Mitteldeutschland bis Dänemark.
**Literatur:** Tackenberg 1971, 55–56, Taf. 22,3–4; Laux 2005, 29–40, Taf. 7,92–11,147.

### 4.5.3. Lausitzer Tüllenbeil

**Beschreibung:** Die Breitseiten der schlanken Beile sind gerippt oder gerieft. Die Schneide ist gerade oder wenig geschweift. Auf der Schmal-

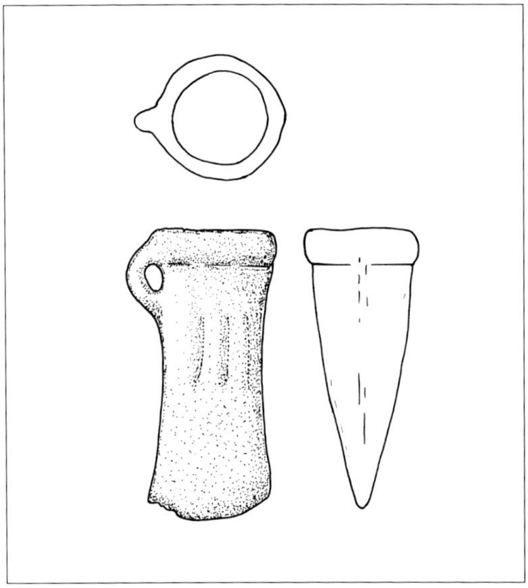

4.5.3.

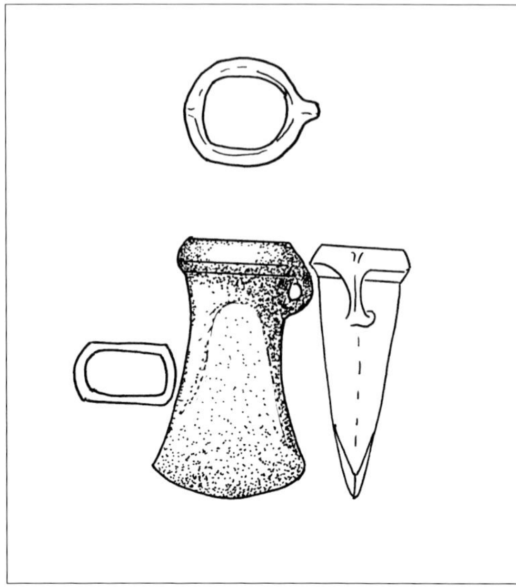

4.5.4.

seite befindet sich ein kantiger Übergang von der zylindrischen Tülle zum keilförmigen Schneidenteil. Alle Beile dieses Typs weisen eine Öse auf.
**Material:** Bronze.
**Datierung:** jüngere Bronzezeit, Periode IV bis V, 1100–800 v. Chr.; späte Bronzezeit, Ha B, 1050–800 v. Chr.
**Verbreitung:** Ostdeutschland, Polen, Slowakei, Österreich.
**Literatur:** Sprockhoff 1949–50; Tackenberg 1971, 57, Taf. 23,2; Mayer 1977, 202–203, Taf. 83,1153.1156–1158.

### 4.5.4. Tüllenbeil mit glockenförmig abgesetzten Breitseiten

**Beschreibung:** Die Breitseiten sind in Richtung der Schneide bogen- oder glockenförmig abgesetzt. Der Mündungswulst ist kräftig und gerundet, gelegentlich befinden sich darunter weitere Rippen. Es kommen Beile mit und ohne vertikale Öse vor. Einige Stücke weisen eine deutliche Facettierung auf, die auf den Schmalseiten beginnt und in der Regel dann parallel zum glockenförmigen Absatz der Breitseiten verläuft.
**Material:** Bronze.
**Synonym:** keilförmiges Tüllenbeil; einfaches Tüllenbeil mit glatter Tülle.
**Untergeordnete Begriffe:** Tüllenbeil mit profiliertem Tüllenmund (nur für die Beile mit Facettierung verwendet).
**Datierung:** jüngere bis späte Bronzezeit, Periode V bis VI, 950–550 v. Chr. (nach Kibbert Periode IV bis V, 1100–800 v. Chr.).
**Verbreitung:** Nord- bis Mitteldeutschland, Skandinavien, Niederlande, Polen.
**Literatur:** Tackenberg 1971, 23–34; Kibbert 1984, 136–139, Taf. 49,645–50,654; Laux 2005, 40–58, Taf. 11,148–18,254.

### 4.5.5. Tüllenbeil mit geschwollenem Hals

**Beschreibung:** Im oberen Teil der Beile befindet sich unterhalb des Mündungswulstes und einer gelegentlich auftretenden Rippung darunter eine deutliche Schwellung des Beilkörpers. Beile dieses Typs kommen mit und ohne vertikale Öse vor.
**Material:** Bronze.
**Synonym:** Seddiner Tüllenbeil; Tüllenbeil Typ Seddin.

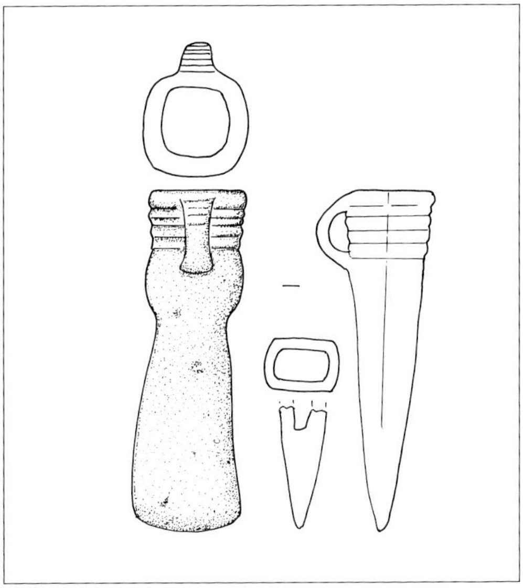

4.5.5.

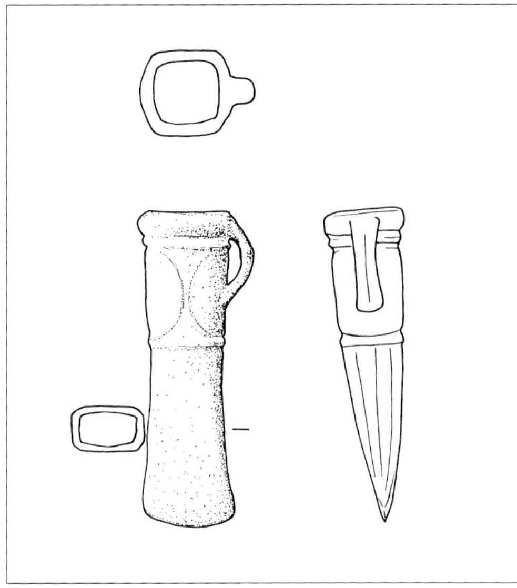

4.5.6.

**Datierung:** jüngere Bronzezeit, Periode V, 950–800 v. Chr.
**Verbreitung:** Niederlande, Norddeutschland, Dänemark.
**Literatur:** Deichmüller 1970; Kibbert 1984, 151–153, Taf. 55,727–55,729; Laux 2005, 81–82, Taf. 28,395–28,397.

### 4.5.6. Tüllenbeil mit Lappenornament

**Beschreibung:** Im oberen Drittel des Beilkörpers befinden sich halbrunde bis ovale Lappen als Ornament. Diese können auch lediglich durch Rippen umrissen sein. Die Schmalseiten sind gelegentlich facettiert. Unterhalb des Mündungswulstes können horizontal umlaufende Rippen auftreten. Einige Beile sind verziert. Auf den Breitseiten befindet sich manchmal eine vertikale Mittelrippe, die im Bereich des Lappenornamentes beginnt und mehr oder weniger weit in Richtung Schneide herabreicht.
**Material:** Bronze.
**Synonym:** Tüllenbeil mit Lappenzier; Tüllenbeil mit Lappendekor; Tüllenbeil mit halbrunden Lappen.
**Untergeordnete Begriffe:** Tüllenbeil mit halbrundem Rippenlappenornament auf den Breitseiten.
**Datierung:** jüngere Bronzezeit, Periode V bzw. Spätbronzezeit, Ha B3, 950–800 v. Chr.
**Verbreitung:** Nord-, West- und Mitteldeutschland, Niederlande, Polen, Nordwestfrankreich, südöstliches Mitteleuropa.
**Literatur:** Tackenberg 1971, 34–36, Taf. 12,1–3; Kibbert 1984, 142–149, Taf. 52,673–55,719; Laux 2005, 58–67, Taf. 18,255–22,295.

### 4.5.7. Tüllenbeil mit seitlich abgesetzten Breitseiten

**Beschreibung:** Die Breitseiten sind vom Mündungswulst an bis zur Schneide gegen die Schmalseiten abgekantet oder abgesetzt. Unterhalb des Mündungswulstes können sich eine oder mehrere horizontale Rippen befinden. Es kommen Beile mit und ohne Öse vor. Gelegentlich tritt auf den Breitseiten eine Verzierung mit mehreren, parallel zueinander stehenden Rippen, die vom Mündungswulst ausgehen, auf.
**Material:** Bronze.

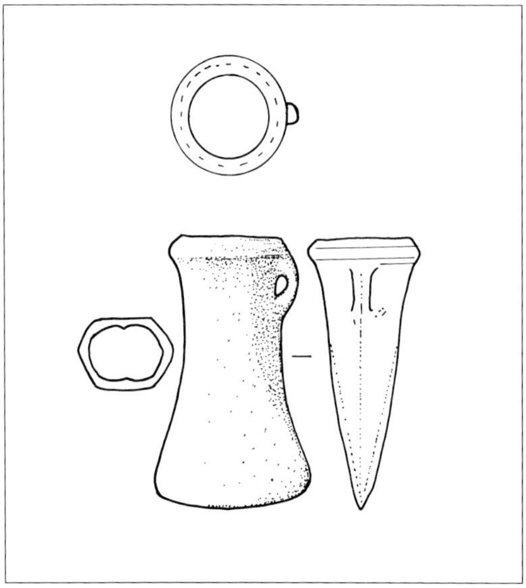

*4.5.7.*

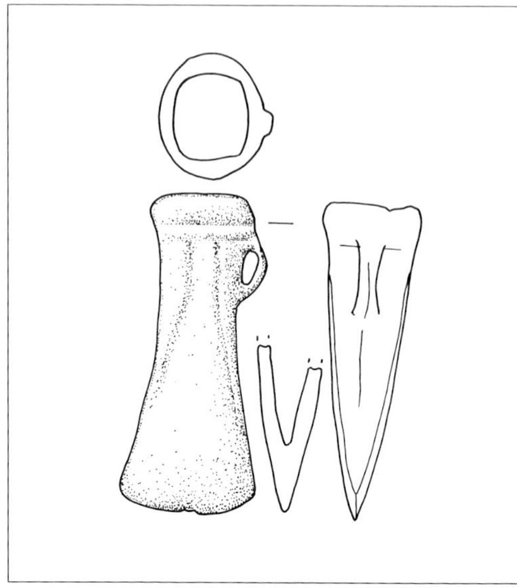

*4.5.7.1.*

**Untergeordnete Begriffe:** Tüllenbeil mit feingerillten Breitseiten.
**Datierung:** jüngere bis späte Bronzezeit, Periode V bis VI, 950–550 v. Chr.
**Verbreitung:** Norddeutschland, Britische Inseln, Nordfrankreich, Polen, Südskandinavien.
**Literatur:** Laux 2005, 70–81, Taf. 23,305–28,387.

### 4.5.7.1. Facettiertes Tüllenbeil

**Beschreibung:** Die Schäftungstülle ist in Längsrichtung durch gegeneinander abgesetzte Flächen kantig profiliert. Es gibt breitere sechskantige und enger facettierte achtkantige oder zehnkantige Formen. Zum Teil befindet sich eine vertikale Öse auf einer Schmalseite.
**Material:** Bronze.
**Datierung:** späte Bronzezeit, Periode VI (evtl. auch schon ab Periode V), 800–550 v. Chr.
**Verbreitung:** Niedersachsen, Nordrhein-Westfalen, Nordhessen, Niederlande, Jütland, Polen, Großbritannien, Nordfrankreich.
**Literatur:** Kibbert 1984, 163–166, Taf. 58,769–59,786.

### 4.5.8. Eisernes Tüllenbeil

**Beschreibung:** Die Seiten der eisernen Tüllenbeile verlaufen parallel, verjüngen sich leicht oder können auch gleichmäßig zur halbrunden Schneide ausschwingen. Der Schaft kann über-

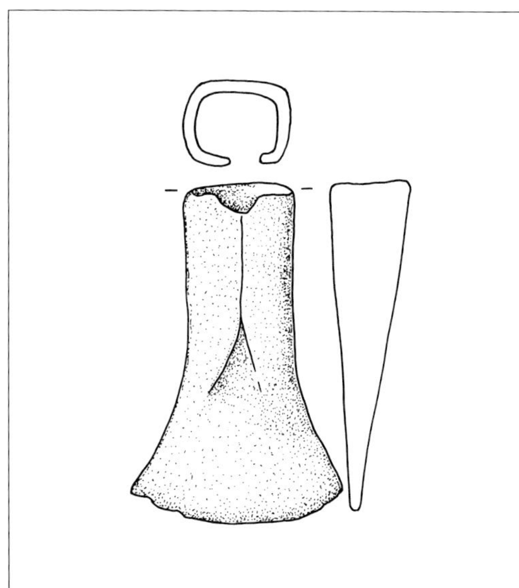

*4.5.8.*

lappend zusammengeschmiedet und vollständig geschlossen sein. Die Überlappung befindet sich in der Regel an der Schmalseite. Neben den Beilen mit geschlossener Tülle gibt es auch solche, deren Tülle offen ist. Einerseits kann die Tülle so zusammengebogen sein, dass eine mehr oder weniger offene Mittelnaht entsteht, oder die Tülle ist oben geschlossen, die Mittelnaht öffnet sich aber vom oberen Tüllenrand in Form eines Dreiecks nach unten. Die Tülle ist meist rechteckig, kann aber auch rund sein. Gelegentlich finden sich Nagellöcher in den Tüllen.

**Datierung:** frühe bis späte Eisenzeit, Ha C bis Römische Kaiserzeit, 800 v. Chr.– 4. Jh. n. Chr.

**Verbreitung:** Mitteleuropa und römische Provinzen.

**Literatur:** Jacobi 1974, 28–32, Taf. 13,260–16,289; Mayer 1977, 249–252, Taf. 104,1510–105,1531; Müller-Karpe/Müller-Karpe 1977, 54–57, Abb. 6,5–18; 7; Pauli 1978, 218, Taf. 219D2; Schlott 1985, 140-142, Abb. 2,1–8; Künzl 1993, 348 Typ NH 8, Taf. 572,H 51–53; Kurz 1995, 25–26; Bemmann/Bemmann 1998, 155–156, Taf. 28,369–371; Werner 2001, 174–196, Abb. 9,3; Cosack 2003, 233–244, Abb. 6,2; 7,1b; 7,2a; Cosack 2005, 214–221, Abb. 1,1–2; Möllers 2007, 10–18, Abb. 10,1.9–10; Spehr 2007, 193, Abb. 14–17.

**Anmerkung:** Künzl (1993, 348) bezeichnet diese Form als Schäleisen. Sie soll von den Tüllenbeilen der Latènezeit abgeleitet sein.

## 4.6. Dechsel (Metall)

Diese Beile, die auch als Querbeile bezeichnet werden, sind charakterisiert durch die quer zur Schäftung stehende Schneide. Die beiden hier vorgestellten Typen wurden mittels Lappen geschäftet. Die bronzenen Lappendechseln können zusätzlich eine Öse auf der Breitseite aufweisen (4.6.1.).

### 4.6.1. Lappendechsel

**Beschreibung:** Die Lappen befinden sich größtenteils im oberen Drittel an den Schmalseiten. Die Schneide liegt quer zur Schäftungsbahn. Wenn eine Öse vorhanden ist, befindet sie sich auf der Breitseite. Verzierung ist selten vorhanden.

**Material:** Bronze.

**Synonym:** Lappenbeil mit Querschneide; Lappenquerbeil.

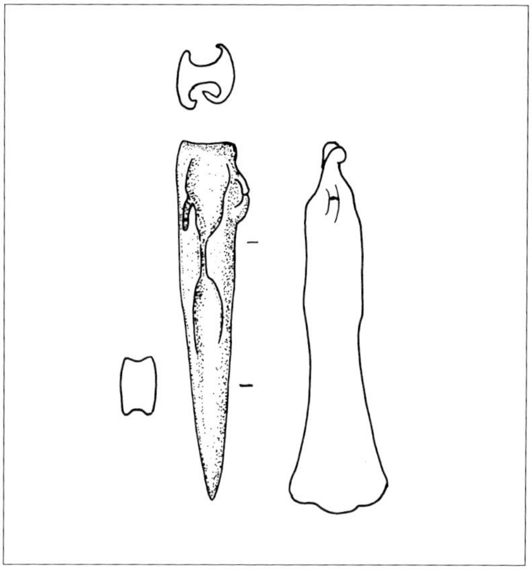

*4.6.1.*

**Datierung:** späte Bronzezeit, Ha B, 1050–800 v. Chr.

**Verbreitung:** Rumänien, Österreich, Böhmen, Nord- bis Süddeutschland, Schweiz, Nordfrankreich, Großbritannien (in lockerer Streuung in Mittel- und Westeuropa).

**Literatur:** Kibbert 1984, 74–76, Taf. 18,232–18,239; Pászthory/Mayer 1998, 142–144, Taf. 64,920–64,928; Laux 2005, 23, Taf. 6,64.

### 4.6.2. Hohldechsel

**Beschreibung:** Die Schneide steht quer zur Schäftung. Diese erfolgte durch eine rechteckige offene Tülle bzw. umgebogene Lappen. Das Blatt ist

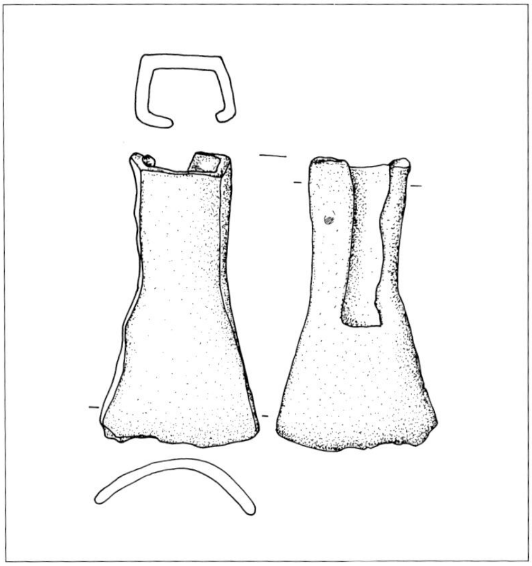

4.6.2.

mehr oder weniger stark gewölbt, so dass eine hohle Schneide entsteht.

**Material:** Eisen.

**Datierung:** späte Eisenzeit (La B) bis Römische Kaiserzeit, 375 v. Chr. bis 4. Jh. n. Chr.

**Verbreitung:** Mitteleuropa.

**Literatur:** Jacobi 1974, 34–35, Taf. 16,291–292; Müller-Karpe/Müller-Karpe 1977, 57, Taf. 8, 12.14–15.

# Literatur


Abels 1972
Björn-Uwe Abels, Die Randleistenbeile in Baden-Württemberg, dem Elsaß, der Franche-Comté und der Schweiz. Prähistorische Bronzefunde, Abteilung IX,4 (München 1972).

Albert/Schröter 1973
Siegfried Albert/Peter Schröter, Zu einer neolithischen Grube mit Tüllengeweihäxten bei Ammerbuch-Reusten (Kr. Tübingen, Baden-Württemberg). Archäologisches Korrespondenzblatt 3, 1973, 289–292.

Angeli 1953
Wilhelm Angeli, Eine kupferne Doppelaxt aus dem Thurgau. Jahrbuch der Schweizerischen Gesellschaft für Urgeschichte 43, 1953, 134–141.

Aufleger 1996
Michaela Aufleger, Holzarbeiten und Holzbearbeitung. In: Die Franken. Ausstellungskatalog Mannheim (Mainz 1996), 599–604.

Baudou 1960
Evert Baudou, Die regionale und chronologische Einteilung der jüngeren Bronzezeit im Nordischen Kreis (Stockholm 1960).

Beier 1988
Hans-Jürgen Beier, Die Kugelamphorenkultur im Mittelelbe-Saale-Gebiet und in der Altmark. Veröffentlichungen des Landesmuseums für Vorgeschichte in Halle 41 (Berlin 1988).

Bemmann/Bemmann 1998
Güde Bemmann/Jan Bemmann, Der Opferplatz von Nydam. Die Funde aus den älteren Grabungen: Nydam-I und Nydam-II (Neumünster 1998).

Beran 1990
Jonas Beran, Lanzettförmige Doppeläxte des jüngeren Mittelneolithikums im Saalegebiet. Alt-Thüringen 25, 1990, 7–29.

Beran 1995
Jonas Beran, Streitäxte der Trichterbecherkultur im Mittelelbegebiet. In: Selecta Praehistorica. Festschrift für J. Preuß. Beiträge zur Ur- und Frühgeschichte Mitteleuropas 7 (Willkau-Hasslau 1995), 29–56.

Bergen 2005
Christian Bergen, Kinderäxte aus Blei. Spielzeug, Übungswaffe oder Statussymbol? In: Itinera Archaeologica. Vom Neolithikum bis in die frühe Neuzeit. Festschrift für T. Capelle. Studia honoraria 22 (Rahden/Westf. 2005), 1–7.

Berlekamp 1956
Hansdieter Berlekamp, Eine Axthacke aus Steinhagen, Kr. Stralsund. Ausgrabungen und Funde 1, 1956, 122–125.

Bertemes 1989
François Bertemes, Das frühbronzezeitliche Gräberfeld von Gemeinlebarn. Kulturhistorische und paläometallurgische Studien. Saarbrücker Beiträge zur Altertumskunde 45 (Bonn 1989).

Billamboz/Schlichterle 1999
André Billamboz/Helmut Schlichterle, Neolithische Hirschgeweih-Zwischenfutter in Südwestdeutschland. In: Festschrift für Günter Smolla. Band I. Materialien zur Vor- und Frühgeschichte von Hessen 8 (Wiesbaden 1999), 41–64.

Billig 1957
Gerhard Billig, Das Prunkbeil von Schweta. Arbeits- und Forschungsberichte zur sächsischen Bodendenkmalpflege 6, 1957, 285–316.

Böhme 1974
Horst W. Böhme, Germanische Grabfunde des 4.–5. Jahrhunderts zwischen unterer Elbe und Loire (München 1974).

Böhme 1993
Horst W. Böhme, Zeugnisse spätrömischer Söldner aus Mainfranken. Zu einer Hammertüllenaxt des 5. Jh. von Gaukönigshofen, Ldkr. Würzburg. Archäologisches Korrespondenzblatt 23, 1993, 513–526.

Böhner 1958
Kurt Böhner, Die fränkischen Altertümer des Trierer Landes. Germanische Denkmäler der Völkerwanderungszeit. Serie B. Die fränkischen Altertümer des Rheinlandes 1 (Berlin 1958).

Bosscha Erdbrink 1982
Dirk Pieter Bosscha Erdbrink, Red deer keratic artefacts in Dutch collections. Berichten van de Rijksdienst voor het Oudheidkundig Bodemonderzoek 32, 1982, 103–137.

Brandherm 2004
Dirk Brandherm, Ein neuer Fund eines Langquaidbeils und einer Lanzenspitze aus Speyer. Archäologisches Korrespondenzblatt 34, 2004, 357–374.

Brandt J. 2001
Jochen Brandt, Jastorf und Latene. Internationale Archäologie 66 (Rahden/Westf. 2001).

Brandt K. H. 1967
Karl Heinz Brandt, Studien über steinerne Äxte und Beile der jüngeren Steinzeit und der Stein-Kupferzeit Nordwestdeutschlands. Münstersche Beiträge zur Ur- und Frühgeschichte 2 (Hildesheim 1967).

Brandt K. H. 1973
Karl Heinz Brandt, Nackengebogene Äxte vom nordwestdeutschen Typ. Bremer Archäologische Blätter 6, 1973, 5–42.

Brandt K. H. 1980
Karl Heinz Brandt, Unbekannte Nackenkammäxte. In: T. Krüger, H.-G. Stephan (Hrsg.), Beiträge zur Archäologie in Nordwestdeutschland und Mitteleuropa. Materialhefte zur Ur- und Frühgeschichte Niedersachsens 16. Festschrift für Klaus Raddatz (Hildesheim 1980), 1–14.

Brandt K. H. 1995
Karl Heinz Brandt, Donauländische Geräte aus dem Südkreis Soltau-Fallingbostel. Die Kunde N.F. 46, 1995, 1–27.

Brandt K. H. 1996
Karl Heinz Brandt, Zur Renaissance steinerner Äxte in der Jungbronzezeit des westlichen Niedersachsens. Die Kunde N.F. 47, 1996, 373–408.

Breest 1997
Klaus Breest, Studien zur mittleren Steinzeit in der Elbe-Jeetzel-Niederung (Landkreis Lüchow-Dannenberg). Beiträge zur Steinzeit in Niedersachsen, Teil II. Veröffentlichungen der urgeschichtlichen Sammlungen des Landesmuseums zu Hannover 47 (Oldenburg 1997).

Brestrich 1998
Wolfgang Brestrich, Die mittel- und spätbronzezeitlichen Grabfunde auf der Nordstadtterasse von Singen am Hohentwiel. Forschungen und Berichte zur Vor- und Frühgeschichte in Baden-Württemberg 67 (Stuttgart 1998).

Brønsted 1962
Johannes Brønsted, Nordische Vorzeit. Band 2: Bronzezeit in Dänemark (Neumünster 1962).

Busch 1989
Ralf Busch, Eine bronzezeitliche Geweihaxt aus Dettum, Ldkr. Wolfenbüttel, und verwandte Funde. Die Kunde N.F. 40, 1989, 165–170.

Clausen 2002/2003
Ingo Clausen, Das allerødzeitliche Rengeweihbeil aus Klappholz LA 63, Kreis Schleswig-Flensburg. Offa 59/60, 2002/2003, 15–39.

Cosack 2003
Erhard Cosack, Neue Hortfunde mit jungbronze- und eisenzeitlichem Inventar aus dem Regierungsbezirk Hannover. Neue Ausgrabungen und Forschungen in Niedersachsen 24, 2003, 233–252.

Cosack 2005
Erhard Cosack, Ein latènezeitliches Handwerkerdepot aus Langenfeld, Ldkr. Hameln-Pyrmont, Niedersachsen. Archäologisches Korrespondenzblatt 35, 2005, 213–222.

D'Amico u.a. 2003
Claudio D'Amico u.a., Einige weitere Steinbeilklingen aus »Jade« aus dem Saarland, dem nördlichen Lothringen, Luxemburg und dem Trierer Land. Bulletin de la Société Préhistorique Luxembourgeoise 25, 2003, 115–161.

Dammers 2003
Barbara Dammers, Hinkelstein-Großgartach-Rössen. Zum Mittelneolithikum in Rheinhessen. Leipziger Online-Beiträge zur ur- und frühgeschichtlichen Archäologie 2003, Beitrag 5, 1–14 (=55–68).

Damminger 2002
Folke Damminger, Die Merowingerzeit im südlichen Kraichgau und in den angrenzenden Landschaften. Materialhefte zur Archäologie in Baden-Württemberg 61 (Stuttgart 2002).

Deichmüller 1970
Jürgen Deichmüller, Ein bronzenes Tüllenbeil vom Seddiner Typ von Lavenstedt, Kr. Bremervörde. Nachrichten aus Niedersachsens Urgeschichte 39, 1970, 243–244.

Deichmüller 1974
Jürgen Deichmüller, Eine Geweihaxt mit Flintbohrer aus der Siedlung Hüde I am Dümmer, Grafschaft Diepholz. Archäologisches Korrespondenzblatt 4, 1974, 197–199.

Dirks 2000
Ulrich Dirks, Die Bernburger Kultur in Niedersachsen. Beiträge zur Archäologie in Niedersachsen 1 (Rahden/Westf. 2000).

Dobiat 1980
Claus Dobiat, Das hallstattzeitliche Gräberfeld von Kleinklein und seine Keramik. Schild von Steir. Beiheft 1 (Graz 1980).

Dohrn-Ihmig 1999
Margarete Dohrn-Ihmig, Das fränkische Gräberfeld von Nieder-Erlenbach, Stadt Frankfurt am Main. Beiträge zum Denkmalschutz in Frankfurt am Main 11 (Frankfurt/Main 1999).

Dolenz 1998
Heimo Dolenz, Eisenfunde aus der Stadt auf dem Magdalensberg. Kärntner Museumsschriften 75. Archäologische Forschungen zu den Grabungen auf dem Magdalensberg 13 (Klagenfurt 1998).

Drescher 1973
Hans Drescher, Stichwort »Axt«. In: H. Beck u.a. (Hrsg.), Reallexikon der Germanischen Altertumskunde. Band 1 (Berlin, New York 1973), 559–562.

Dresely 2004
Veit Dresely, Schnurkeramik und Schnurkeramiker im Taubertal. Forschungen und Berichte zur Vor- und Frühgeschichte in Baden-Württemberg 81 (Stuttgart 2004).

Driehaus 1957
Jürgen Driehaus, Eine kupferne Axthacke aus dem Warthebruch. Berliner Blätter für Vor- und Frühgeschichte 6, 1957, 58–71.

Driehaus 1958
Jürgen Driehaus, Zur Datierung der Knaufhammeräxte. Jahrbuch des Römisch-Germanischen Zentralmuseums Mainz 5, 1958, 1–7.

Driehaus 1960
Jürgen Driehaus, Die Altheimer Gruppe und das Jungneolithikum in Mitteleuropa (Mainz 1960).

Driehaus 1973
Jürgen Driehaus, Stichwort »Axt«. In: H. Beck u.a. (Hrsg.), Reallexikon der Germanischen Altertumskunde (Berlin, New York 1973), 544–547.

Duvauchelle 2005
Anika Duvauchelle, Les outils en fer du Musée Romain d'Avenches. Documents du Musée Romain d'Avenches 11 (Avenches 2005).

Ebbesen 1975
Klaus Ebbesen, Die jüngere Trichterbecherkultur auf den dänischen Inseln. Arkaeologiske studier 2 (Kopenhagen 1975).

Einicke 1995
Ralph Einicke, Zur typologischen Gliederung von Feuersteinbeilen der mitteldeutschen Schnurkeramik. In: Selecta Praehistorica. Festschrift für Joachim Preuss. Beiträge zur Ur- und Frühgeschichte Mitteleuropas 7 (Wilkau-Hasslau 1995), 97–116.

Eisenhauer 1999
Ursula Eisenhauer, Kulturwandel als Innovationsprozeß: Die fünf großen »W« und die Verbreitung des Mittelneolithikums in Südwestdeutschland. Archäologische Informationen 22/2, 1999, 215–239.

Elburg 2008
Rengert Elburg, Eine Dechselklinge mit Schäftungsresten aus dem bandkeramischen Brunnen von Altscherbitz. Arbeits- und Forschungsberichte zur sächsischen Bodendenkmalpflege 50, 2008, 9–15.

Elburg/Hein 2011
Rengert Elburg/Wulf Hein, Steinbeile im Einsatz. Archaeo 8, 2011, 20–25.

Fiedler 1997
Lutz Fiedler, Beile und andere Funde von den steinzeitlichen Jägern in Hessen. Denkmalpflege in Hessen 1/1997, 26–29.

Fischer/Hartz 1998/99
Lars Fischer/Sönke Hartz, Aus zähem Holz geschnitzt. Zwei Beilschäfte von der jungsteinzeitlichen Küstenstation Wangels LA 505, Kr. Ostholstein. Archäologische Nachrichten aus Schleswig-Holstein 9/10, 1998/99, 5–29.

Fleer 2011
Karl Ch. H. Fleer, Das Kastell Haselburg, Gemeinde Reinhardsachsen, Neckar-Odenwald-Kreis. Materialhefte zur Archäologie in Baden-Württemberg 32 (Stuttgart 2011).

Forrer 1948
Robert Forrer, Die helvetischen und helvetorömischen Votivbeilchen der Schweiz. Schriften des Instituts für Vor- und Frühgeschichte der Schweiz 5 (Basel 1948).

Forssander 1936
John Elof Forssander, Der ostskandinavische Norden während der ältesten Metallzeit Europas. Skrifter utgivna av Kungl. Humanistiska Vetenskapssamfundet i Lund XXII (Lund 1936).

Frehse 2008
Daniela Frehse, Die Großsteingeräte in der Oberlausitz. Arbeits- und Forschungsberichte zur sächsischen Bodendenkmalpflege 50, 2008, 17–184.

Fritsch 1987
Barbara Fritsch, Zwei bandkeramische Siedlungen im Hegau. Archäologische Nachrichten aus Baden 38/39, 1987, 10–17.

Furholt 2003
Martin Furholt, Die absolutchronologische Datierung der Schnurkeramik in Mitteleuropa und Südskandinavien. Universitätsforschungen zur Prähistorischen Archäologie 101 (Bonn 2003).

Gleser 2003
Ralf Gleser, Dolabrae aus frührömischen Gräbern des Saarlandes. In: R. Echt (Hrsg.), Beiträge zur Eisenzeit und zur gallo-römischen Zeit im Saar-Mosel-Raum. Saarbrücker Studien und Materialien zur Altertumskunde 9 (Bonn 2003), 125–136.

Görner 2002
Irina Görner, Bestattungssitten der Hügelgräberbronzezeit in Nord- und Osthessen. Marburger Studien zur Vor- und Frühgeschichte 20 (Rahden/Westf. 2002).

Gramsch 1973
Bernhard Gramsch, Das Mesolithikum im Flachland zwischen Elbe und Oder. Veröffentlichungen des Museums für Ur- und Frühgeschichte Potsdam 7 (Berlin 1973).

Gramsch 2002
Bernhard Gramsch, Friesack: Letzte Jäger und Sammler in Brandenburg. Jahrbuch des Römisch-Germanischen Zentralmuseums Mainz 47, 2000, 51–96.

Gronenborn 1992
Detlef Gronenborn, Beilklingen aus Lousberg-Feuerstein in Hessen. Archäologisches Korrespondenzblatt 22, 1992, 183–190.

Grote 1981
Klaus Grote, Zwei herausragende Felsovalbeile aus dem südlichen Niedersachsen. Nachrichten aus Niedersachsens Urgeschichte 50, 1981, 269–275.

Haberey 1949
Waldemar Haberey, Gravierte Glasschale und sogenannte Mithrassymbole aus einem spätrömischen Grabe von Rodenkirchen bei Köln. Bonner Jahrbücher 149, 1949, 94–104.

Hachmann 1957
Rolf Hachmann, Die frühe Bronzezeit im westlichen Ostseegebiet und ihre mittel- und südosteuropäischen Beziehungen. 6. Beiheft zum Atlas der Urgeschichte (Hamburg 1957).

Hafner 1995
Albert Hafner, »Vollgriffdolch und Löffelbeil«. Statussymbole der Frühbronzezeit. Archäologie der Schweiz 18/4, 1995, 134–141.

Hafner/Suter 2003
Albert Hafner/Peter J. Suter, Vom Endneolithikum zur Frühbronzezeit: Wandel und Kontinuität zwischen 2400 und 1500 v. Chr. Archäologisches Korrespondenzblatt 33, 2003, 325–344.

Hahn 1993
Joachim Hahn, Erkennen und Bestimmen von Stein- und Knochenartefakten. Einführung in die Artefaktmorphologie. 2. Auflage (Tübingen 1993).

Hartz 2004
Sönke Hartz, Aktuelle Forschungen zur Chronologie und Siedlungsweise der Ertebølle- und der frühesten Trichterbecherkultur in Schleswig-Holstein. Bodendenkmalpflege in Mecklenburg-Vorpommern 52, Jahrbuch 2004, 61–81.

Heidelk-Schacht 1983
Sigrid Heidelk-Schacht, Knochen- und Geweihgeräte des Spätpaläolithikums und Mesolithikums aus Mecklenburg. Bodendenkmalpflege in Mecklenburg 31. Jahrbuch 1983, 7–82.

Hein u.a. 2012
Wulf Hein u.a., Dechsel am Altenberg. Ein vorläufiger Bericht. Experimentelle Archäologie in Europa 11. Bilanz 2012, 49–55.

Heindel 1992
Ingo Heindel, Äxte des 8.–14. Jahrhunderts im westslawischen Siedlungsgebiet zwischen Elbe/Saale und Oder/Neiße. Zeitschrift für Archäologie 26, 1992, 17–56.

Henning 1985
Joachim Henning, Zur Datierung von Werkzeug- und Agrargerätefunden im germanischen Landnahmegebiet zwischen Rhein und oberer Donau (Der Hortfund von Osterburken). Jahrbuch des Römisch-Germanischen Zentralmuseums Mainz 32, 1985, 570–594.

Herfert 1962
Peter Herfert, Die Steinäxte der Trichterbecherkultur im Elb-Saale-Gebiet. Wissenschaftliche Zeitschrift der Martin-Luther-Universität Halle-Wittenberg XI/10, 1962, 1097–1140.

Herget 2006
Melanie Herget, Das fränkische Gräberfeld von Rödingen, Kr. Düren. Chronologie und Belegungsabfolge. Marburger Studien zur Vor- und Frühgeschichte 22 (Rahden/Westf. 2006).

Herrmann 1969
Fritz-Rudolf Herrmann, Der Eisenhortfund aus dem Kastell Künzig. Vorbericht. Saalburg Jahrbuch XXVI, 1969, 129–141.

Heske 2006
Immo Heske, Die Hünenburg bei Watenstedt, Ldkr. Helmstedt – Eine ur- und frühgeschichtliche Befestigung und ihr Umfeld. Göttinger Schriften zur Vor- und Frühgeschichte 29 (Neumünster 2006).

Hingst 1989
Hans Hingst, Arbeitsplätze jungsteinzeitlicher Flinthandwerker im Teschendorfer Moor, Gemeinde Landkirchen auf Fehmarn, Kreis Ostholstein. Offa 46, 1989, 23–50.

Hochuli 1995
Stefan Hochuli, Die frühe und mittlere Bronzezeit im Kanton Zug. Tugium 11, 1995, 74–96.

Hochuli 2000
Stefan Hochuli, Eine erstaunliche Doppelaxt aus dem Zugersee (Zentralschweiz). Archäologisches Korrespondenzblatt 30, 2000, 187–192.

Hoika 1987
Jürgen Hoika, Das Mittelneolithikum zur Zeit der Trichterbecherkultur in Nordostholstein. Offa-Bücher 61 (Neumünster 1987).

Hoof 1970
Dieter Hoof, Die Steinbeile und Steinäxte im Gebiet des Niederrheins und der Maas. Antiquitas 2,9 (Bonn 1970).

Horst 1985
Fritz Horst, Die jungbronzezeitlichen Steinäxte mit Nackenknauf aus dem Elbe-Oder-Raum. Bodendenkmalpflege in Mecklenburg 33. Jahrbuch 1985, 99–123.

Hübener 1977
Wolfgang Hübener, Waffennormen und Bewaffnungstypen der frühen Merowingerzeit. Fundberichte aus Baden-Württemberg 3, 1977, 510–527.

Hübener 1980
Wolfgang Hübener, Eine Studie zu den Beilwaffen der Merowingerzeit. Zeitschrift für die Archäologie des Mittelalters 8, 1980, 65–127.

Hübner 2004
Eva Hübner, Jungneolithische Gräber auf der Jütischen Halbinsel. Archäologisches Nachrichtenblatt 9, 2004 (3), 214–219.

Huth 1997
Christoph Huth, Westeuropäische Horte der Spätbronzezeit. Regensburger Beiträge zur Prähistorischen Archäologie 3 (Bonn 1997).

Jacob-Friesen G. 1970
Gernot Jacob-Friesen, Die Kupferäxte vom Typ Eschollbrücken. Ein Beitrag zur Frage des Einflusses der metallverarbeitenden Kulturen auf das Neolithikum Mittel- und Nordeuropas. Die Kunde N.F. 21, 1970, 20–65.

Jacob-Friesen K. H. 1924
Karl Heinz Jacob-Friesen, Die neolithischen Gerätformen Hannovers. Nachrichtenblatt für

Niedersachsens Vorgeschichte N.F. 1, 1924, 1–48.

Jacobi 1974
Gerhard Jacobi, Werkzeug und Gerät aus dem Oppidum von Manching. Die Ausgrabungen in Manching 5 (Wiesbaden 1974).

Jacobi 1977
Gerhard Jacobi, Die Metallfunde vom Dünsberg. Materialien zur Vor- und Frühgeschichte von Hessen 2 (Wiesbaden 1977).

Jahn 1950
Martin Jahn, Ein kultureller Mittelpunkt bei Halle/ Saale während der frühen Bronzezeit. Jahresschrift für mitteldeutsche Vorgeschichte 34, 1950, 81–89.

Jankuhn 1973a
Herbert Jankuhn, Stichwort »Axt«. In: H. Beck u.a. (Hrsg.), Reallexikon der Germanischen Altertumskunde. Band 1 (Berlin, New York 1973), 536–544; 547–549.

Jankuhn 1973b
Herbert Jankuhn, Stichwort »Axtkult«. In: H. Beck u.a. (Hrsg.), Reallexikon der Germanischen Altertumskunde. Band 1 (Berlin, New York 1973), 562–566.

Jestrzemski 1987
Dagmar Jestrzemski, Eine verzierte mesolithische Geweihaxt aus der Trave bei Lübeck-Travemünde. Offa 44, 1987, 53–73.

Kaufmann 1957
Hans Kaufmann, Steingeräte mit Schäftungsrille aus Sachsen. Arbeits- und Forschungsberichte zur Sächsischen Bodendenkmalpflege 6, 1957, 211–284.

Keiling 1999
Horst Keiling, Die Bronzezeit – ein goldenes Zeitalter? Eine Einführung in die Bronzezeit in Norddeutschland. In: W. Budesheim/H. Keiling (Hrsg.), Zur Bronzezeit in Norddeutschland. Beiträge für Wissenschaft und Kultur 3 (Neumünster 1999), 11–38.

Kempke 1991
Torsten Kempke, Starigard/Oldenburg. Hauptburg der Slawen in Wagrien. III. Die Waffen des 8.–13. Jahrhunderts. Offa-Bücher 73 (Neumünster 1991).

Kersten 1935
Karl Kersten, Zur älteren nordischen Bronzezeit (Neumünster 1935).

Kibbert 1980
Kurt Kibbert, Die Äxte und Beile im mittleren Westdeutschland I. Prähistorische Bronzefunde, Abteilung IX, 10 (München 1980).

Kibbert 1984
Kurt Kibbert, Die Äxte und Beile im mittleren Westdeutschland II. Prähistorische Bronzefunde, Abteilung IX, 13 (München 1984).

Kienlin 2006
Tobias L. Kienlin, Frühbronzezeitliche Randleistenbeile von Böhringen-Rickelshausen und Hindelwangen: Ergebnisse einer metallographischen Untersuchung. Prähistorische Zeitschrift 81/1, 2006, 97–120.

Kienlin 2007
Tobias L. Kienlin, Von den Schmieden der Beile: Zur Verbreitung und Angleichung metallurgischen Wissens im Verlauf der Frühbronzezeit. Prähistorische Zeitschrift 82/1, 2007, 1–22.

Kind 2003
Claus-Joachim Kind, Die absolute Datierung des Magdaléniens und Mesolithikums in Süddeutschland. In: Erkenntnisjäger. Festschrift für Dietrich Mania. Veröffentlichungen des Landesamtes für Archäologie Sachsen-Anhalt – Landesmuseum für Vorgeschichte 57/I (Halle 2003), 303–319.

Klassen 2000
Lutz Klassen, Frühes Kupfer im Norden. Jutland Archaeological Society 36 (Højbjerg 2000).

Klassen 2004
Lutz Klassen, Jade und Kupfer. Untersuchungen zum Neolithisierungsprozess im westlichen Ostseeraum unter besonderer Berücksichtigung der Kulturentwicklung Europas 5500–3500 BC. Jutland Archaeological Society Vol. 47 (Århus 2004).

Koch R. 1970
Robert Koch, Waffenförmige Anhänger aus merowingerzeitlichen Frauengräbern. Jahrbuch des Römisch-Germanischen Zentralmuseums Mainz 17, 1970, 285–293.

Koch U. 2001
Ursula Koch, Das alamannisch-fränkische Gräberfeld bei Pleidelsheim. Forschungen und Berichte zur Vor- und Frühgeschichte in Baden-Württemberg 60 (Stuttgart 2001).

Koschik 1998
Harald Koschik (Hrsg.), Brunnen der Jungsteinzeit. Internationales Symposium Erkelenz 27.–29.10. 1997. Materialien zur Bodendenkmalpflege im Rheinland 11 (Köln 1998).

Kühn 1979
Hans-Joachim Kühn, Das Spätneolithikum in Schleswig-Holstein. Offa-Bücher 40 (Neumünster 1979).

Künzl 1993:
Ernst Künzl, Werkzeuge. In: E. Künzl (Hrsg.), Die Alamannenbeute aus dem Rhein bei Neupotz. Monographien des Römisch-Germanischen Zentralmuseums 34/1–4 (Mainz 1993), 347–361.

Kurz 1995
Gabriele Kurz, Keltische Hort- und Gewässerfunde in Mitteleuropa – Deponierungen der Latènezeit. Materialhefte zur Archäologie in Baden-Württemberg 33 (Stuttgart 1995).

Laux 2000
Friedrich Laux, Die Äxte und Beile in Niedersachsen I. Prähistorische Bronzefunde, Abteilung IX, 23 (Stuttgart 2000).

Laux 2005
Friedrich Laux, Die Äxte und Beile in Niedersachsen II (Lappen- und Tüllenbeile, Tüllenmeißel und -hämmer). Prähistorische Bronzefunde, Abteilung IX, 25 (Stuttgart 2005).

Leithäuser 2003
Ulrike Leithäuser, Das merowingerzeitliche Gräberfeld von Andernach-Kell, Kr. Mayen-Koblenz. Berichte zur Archäologie an Mittelrhein und Mosel 8 (Trier 2003), 285–375.

Lenerz-de Wilde 1995
Majolie Lenerz-de Wilde, Prämonetäre Zahlungsmittel in der Kupfer- und Bronzezeit Mitteleuropas. Fundberichte aus Baden-Württemberg 20, 1995, 229–327.

Lessig 1999
Thomas Lessig, Eine Steinaxt aus Hemmingen-Westerfeld, Ldkr. Hannover – einige Überlegungen zur angewandten Steinbohrtechnik. Die Kunde N.F. 50, 1999, 231–234.

Lessig 2003
Thomas Lessig, Untersuchungen zur Steinsägetechnik an einem Rohstück aus der bandkeramischen Siedlung von Hullersen, Ldkr. Northeim. Nachrichten aus Niedersachsens Urgeschichte 72, 2003, 3–7.

Lobisser 2018
Wolfgang F. A. Lobisser, Man muss das Eisen schmieden, solange es heiß ist! Das neue Modell einer keltischen Schmiede im MAMUZ in Niederösterreich. Experimentellle Archäologie in Europa 17. Jahrbuch 2018 (im Druck).

Lönne 2003
Petra Lönne, Das Mittelneolithikum im südlichen Niedersachsen. Materialhefte zur Ur- und Frühgeschichte Niedersachsens 31 (Rahden/Westf. 2003).

Lübke 1993
Harald Lübke, Eine jungpaläolithische Geschoßspitze und mesolithische Geweihgeräte aus dem Elbtal bei Hamburg-Billwerder. Hammaburg N.F. 10, 1993, 71–81.

Lüning 1996
Jens Lüning, Erneute Gedanken zur Benennung der neolithischen Perioden. Germania 74/1, 1996, 233–237.

Lüning 2000
Jens Lüning, Steinzeitliche Bauern in Deutschland. Die Landwirtschaft im Neolithikum. Universitätsforschungen zur Prähistorischen Archäologie 58 (Bonn 2000).

Lutz 1971
Marcel Lutz, Ein römisches Eisendepot aus Forbach (Moselle). 18. Bericht der staatlichen Denkmalpflege im Saarland 1971, 53–56.

Maier 1963
Rudolf Albert Maier, Zwei axt- und hackenartige Geweihgerät-Typen. Bayerische Vorgeschichtsblätter 28, 1963, 17–30.

Maier 1964a
Rudolf Albert Maier, Einige lanzettförmige Stein-Doppeläxte aus Bayern. Germania 42, 1964, 19–27.

Maier 1964b
Rudolf Albert Maier, Die jüngere Steinzeit in Bayern. Jahresbericht der bayerischen Bodendenkmalpflege 5, 1964, 9–197.

Maraszek 2001
Regine Maraszek, Die Zeichen der Macht. In: Schönheit, Macht und Tod. Katalog Landesmuseum für Vorgeschichte Halle (Halle 2001), 160–161.

Mayer 1977
Eugen Friedrich Mayer, Die Äxte und Beile in Österreich. Prähistorische Bronzefunde Abteilung IX, 9 (München 1977).

Metzger-Krahé 1977
Frauke Metzger-Krahé, Mesolithikum an der Unterelbe. Offa-Ergänzungs-Reihe 2 (Schleswig 1977).

Meurers-Balke 1983
Jutta Meurers-Balke, Siggeneben-Süd. Offa-Bücher 50 (Neumünster 1983).

Möllers 2007
Sebastian Möllers, Die Schnippenburg bei Ostercappeln, Ldkr. Osnabrück. Ein Zentralort mit Kultfunktion im nordwestlichen Ausläufer der Mittelgebirgszone? In: S. Möllers u.a. (Hrsg.), Keltische Einflüsse im nördlichen Mitteleuropa während der mittleren und jüngeren vorrömischen Eisenzeit. Kolloquium Osnabrück 2006. Kolloquien zur Vor- und Frühgeschichte 9 (Bonn 2007), 1–45.

Moosleitner u.a. 1974
Fritz Moosleiter u.a., Der Dürrnberg bei Hallein II (München 1974).

Mottes/Nicolis/Schlichterle 2002
Elisabetta Mottes/Franco Nicolis/Helmut Schlichterle, Kulturelle Beziehungen zwischen den Regionen nördlich und südlich der Zentralalpen während des Neolithikums und der Kupferzeit. In: Über die Alpen. Menschen – Wege – Waren. Ausstellungskatalog Konstanz. ALManach 7/8 (Stuttgart 2002), 119–135.

Müller 1999a
Johannes Müller, Radiokarbonchronologie – Keramiktechnologie – Osteologie – Anthropologie – Raumanalysen. Bericht der Römisch-Germanischen Kommission 80, 1999, 25–211.

Müller 1999b
Johannes Müller, Zur absoluten Chronologie der mitteldeutschen Schnurkeramik. Archäologisches Nachrichtenblatt 4, 1999 (1), 77–88.

Müller 2002
Johannes Müller, Stichwort »Neolithikum«. In: H. Beck u.a (Hrsg.), Reallexikon der Germanischen Altertumskunde Band 21 (Berlin, New York 2002), 71–81.

Müller-Beck 1965
Hansjürgen Müller-Beck, Seeberg, Burgäschisee-Süd. Teil 5: Holzgeräte und Holzbearbeitung. Acta Bernensia II (Bern 1965).

Müller-Karpe/Müller-Karpe 1977
Andreas Müller-Karpe/Michael Müller-Karpe, Neue latènezeitliche Funde aus dem Heidetränk-Oppidum im Taunus. Germania 55, 1977, 33–63.

Nawroth 2001
Manfred Nawroth, Das Gräberfeld von Pfahlheim und das Reitzubehör der Merowingerzeit. Wissenschaftliche Beibände zum Anzeiger des Germanischen Nationalmuseums 19 (Nürnberg 2001).

Nelson 1988
Hildegard Nelson, Zur inneren Gliederung und Verbreitung neolithischer Gruppen im südlichen Niederelbegebiet. Teil 1 und 2. BAR International series 465 (Oxford 1988).

Nielsen 1977
Poul Otto Nielsen, De tyknakkede flintøksers kronologi. Aarbørger for Nordisk Oldkyndighed og Historie 1977, 5–71.

Nilius 1971
Ingeburg Nilius, Das Neolithikum in Mecklenburg zur Zeit und unter besonderer Berücksichtigung der Trichterbecherkultur. Beiträge zur Ur- und Frühgeschichte der Bezirke Rostock, Schwerin und Neubrandenburg 5 (Schwerin 1971).

Novotná 1970
Mária Novotná, Die Äxte und Beile in der Slowakei. Prähistorische Bronzefunde. Abteilung IX, 3 (München 1970).

Ottinger 1974
Irmingard Ottinger, Waffenbeigabe in Knabengräbern. In: G. Kossack/G. Ulbert, Studien zur vor- und frühgeschichtlichen Archäologie. Festschrift für J. Werner. Teil II: Frühmittelalter (München 1974), 387–410.

Pape 1981
Wolfgang Pape, Bemerkungen zur relativen Chronologie der Schnurkeramik. Jahresschrift für mitteldeutsche Vorgeschichte 64, 1981, 23–50.

Pászthory/Mayer 1998
Katharine Pászthory/Eugen F. Mayer, Die Äxte und Beile in Bayern. Prähistorische Bronzefunde, Abteilung IX, 20 (Stuttgart 1998).

Pauli 1978
Ludwig Pauli, Der Dürrnberg bei Hallein III (München 1978).

Pesch 2003
Alexandra Pesch, Die Franziska von Extertal, Kreis Lippe. Archäologie in Ostwestfalen 8, 2003, 54–55.

Piesker 1964
Hans Piesker, Die Absatzbeile vom osthannöverschen und nordischen Typus im Lüneburgischen. Studien aus Alteuropa I. Beihefte der Bonner Jahrbücher 10/1, 1964, 176–188.

Pietsch 1983
Martin Pietsch, Die römischen Eisenwerkzeuge von Saalburg, Feldberg und Zugmantel. Saalburg Jahrbuch 39, 1983, 5–132.

Pohanka 1986
Reinhard Pohanka, Die eisernen Agrargeräte der Römischen Kaiserzeit in Österreich. Studien zur römischen Agrartechnologie in Rätien, Noricum und Pannonien. BAR International Series 298 (Oxford 1986).

Pratsch 1994
Stefan Pratsch, Die Geweihartefakte des mesolithisch-neolithischen Fundplatzes von Friesack 4, Kr. Havelland. Veröffentlichungen des Brandenburgischen Landesmuseums für Ur- und Frühgeschichte 28, 1994, 7–98.

Pratsch 2004
Stefan Pratsch, Die Geweihfunde der neolithischen Siedlung von Eilsleben, Bördekreis. Jahresschrift für mitteldeutsche Vorgeschichte 88, 2004, 67–136.

Preuß 1966
Joachim Preuß, Die Baalberger Gruppe in Mitteldeutschland. Veröffentlichungen des Landesmuseums für Vorgeschichte in Halle 21 (Berlin 1966).

Raddatz 1959/61
Klaus Raddatz, Römische Äxte aus dem freien Germanien. Offa 17–18, 1959/61, 17–25.

Raetzel-Fabian 1988
Dirk Raetzel-Fabian, Die ersten Bauernkulturen. Jungsteinzeit in Nordhessen. Vor- und Frühgeschichte im Hessischen Landesmuseum in Kassel, Heft 2 (Melsungen 1988).

Rageth 2004
Jürg Rageth, Frührömische Militaria aus dem Oberhalbstein GR – Belege für den Alpenfeldzug? Jahrbuch der Schweizerischen Gesellschaft für Ur- und Frühgeschichte 87, 2004, 297–303.

Rageth 2006
Jürg Rageth, Zeugnisse des Alpenfeldzuges des Kaisers Augustus von 15 v. Chr. aus dem bündnerischen Oberhalbstein. Helvetia archaeologica 37, 2006-148, 118–134.

Ramminger 2007
Britta Ramminger, Wirtschaftsarchäologische Untersuchungen zu alt- und mittelneolithischen Felsgesteingeräten in Mittel- und Nordhessen. Archäologie und Rohmaterialversorgung. Internationale Archäologie 102 (Rahden/Westf. 2007).

Rieckhoff/Biel 2001
Sabine Rieckhoff/Jörg Biel, Die Kelten in Deutschland (Stuttgart 2001).

Riedel u.a. 2005
Kai Riedel u.a., Untersuchungen von Hirschgeweihgeräten aus dem Leinetal nahe Gleidingen bei Hannover. Die Kunde N.F. 56, 2005, 79–90.

Rötting 1983
Hartmut Rötting, Das alt- und mittelneolithische Gräberfeld von Wittmar, Ldkr. Wolfenbüttel. In: Frühe Bauernkulturen in Niedersachsen. Archäologische Mitteilungen aus Nordwestdeutschland. Beiheft 1 (Oldenburg 1983), 135–157.

Rüttimann 1983
Bettina Rüttimann, Geräte aus Knochen. In: René Wyss, Die jungsteinzeitlichen Bauerndörfer von Egolzwil 4 im Wauwilermoos. Band 2: Die Funde (Zürich 1983), 7–85.

Rust 1943
Alfred Rust, Die alt- und mittelsteinzeitlichen Funde von Stellmoor (Neumünster 1943).

Sangmeister 1983
Edward Sangmeister, Die ersten Bauern. In: H. Müller-Beck (Hrsg.), Urgeschichte in Baden-Württemberg (Stuttgart 1983), 429–471.

Sangmeister/Gerhardt o. J.
Edward Sangmeister/Kurt Gerhardt, Schnurkeramik und Schnurkeramiker in Südwestdeutschland. Badische Fundberichte. Sonderheft 8 (Freiburg o. J.).

Schindler 1996
Martin P. Schindler, Eisenzeitliche Funde vom Ausfluss des Walensees bei Weesen. Helvetia Archaeologica 27, 1996-106–108, 111–117.

Schirren 1997
C. Michael Schirren, Studien zur Trichterbecherkultur in Südholstein. Universitätsforschungen zur Prähistorischen Archäologie 42 (Bonn 1997).

Schlichterle 1995
Helmut Schlichterle, Ödenahlen – eine jungneolithische Siedlung der »Pfyn-Altheimer-Gruppe Oberschwabens« im nördlichen Federseeried.

Archäologische Untersuchungen 1981–1986. In: Siedlungsarchäologie im Alpenvorland III. Die neolithische Moorsiedlung Ödenahlen. Forschungen zur Vor- und Frühgeschichte in Baden-Württemberg 46 (Stuttgart 1995), 9–128.

Schlichterle/Wahlster 1986
Helmut Schlichterle/Barbara Wahlster, Archäologie in Seen und Mooren (Stuttgart 1986).

Schlott 1985
Christoph Schlott, Ein seltener Eberzahnbesatz der Spätlatènezeit aus dem Heidetränk-Oppidum im Taunus. Germania 63, 1985/1, 139–146.

Schlüter 1991
Wolfgang Schlüter, Römer im Osnabrücker Land. Die Ausgrabungen in Kalkriese (Bramsche 1991).

Schmidt B. 1961
Berthold Schmidt, Die späte Völkerwanderungszeit in Mitteldeutschland. Veröffentlichungen des Landesmuseums für Vorgeschichte in Halle 18 (Halle 1961).

Schmidt J.-P. 1993
Jens-Peter Schmidt, Studien zur jüngeren Bronzezeit in Schleswig-Holstein und dem nordelbischen Hamburg. Universitätsforschungen zur Prähistorischen Archäologie 15 (Bonn 1993).

Schmidt J.-P. 1995
Jens-Peter Schmidt, Drei jungbronzezeitliche Geweihäxte aus Schleswig-Holstein. Ein Beitrag zur Geschichte punktkreisverzierter Hirschgeweihäxte. Offa 52, 1995, 57–86.

Schmitsberger 2003
Oliver Schmitsberger, Neufunde endneolithischer Streitäxte aus Oberösterreich und dem angrenzenden Niederösterreich. Jahrbuch des Oberösterreichischen Musealvereins, Gesellschaft für Landeskunde 148, 2003, 9–18.

Schmitz 1991
Ralf-W. Schmitz, Nicht für die Arbeit geschaffen – Prunkbeile aus Jadeit. Archäologie im Rheinland 1991, 35–36.

Schneider 2005
Rouven Schneider, Der Übergang von der Bronze- zur Eisenzeit – Neue Studien zur Periode VI des Nordischen Kreises in Teilen Dänemarks und Norddeutschlands. Archäologische Informationen 28, 2005, 247–253.

Schönberger 1952
Hans Schönberger, Die Spätlatènezeit in der Wetterau. Saalburg Jahrbuch XI,1952, 21–130.

Schönberger 1967
Hans Schönberger, Ein Eisendepot, römische Floßfesseln und andere Funde im Bereich des Kastells Heilbronn-Böckingen. Fundberichte aus Schwaben N.F. 18/1, 1967, 131–151.

Schönfeld 1993
Guntram Schönfeld, Streitäxte aus der altheimzeitlichen Feuchtbodensiedlung von Pestenacker. Das archäologische Jahr in Bayern 1993, 46–50.

Schoknecht 1971
Ulrich Schoknecht, Ein neuer Hortfund von Melz, Kreis Röbel, und die mecklenburgischen Stabdolche. Bodendenkmalpflege in Mecklenburg. Jahrbuch 1971, 233–253.

Schrickel 1952
Waltraut Schrickel, Steingeräte mit Schäftungsrille aus Thüringer Museen. Jahresschrift für mitteldeutsche Vorgeschichte 6, 1952, 243–274.

Schubart 1972
Hermanfrid Schubart, Die Funde der älteren Bronzezeit in Mecklenburg. Offa-Bücher 26 (Neumünster 1972).

Schuldt 1961
Ewald Schuldt, Hohen Viecheln. Ein mittelsteinzeitlicher Wohnplatz in Mecklenburg (Berlin 1961).

Schwab 1982
Hanni Schwab, Portalban/Muntelier. Zwei reine Horgener Siedlungen der Westschweiz. Archäologisches Korrespondenzblatt 12, 1982, 15–32.

Schwabedissen 1944
Hermann Schwabedissen, Die mittlere Steinzeit im westlichen Norddeutschland (Neumünster 1944).

Schwarz 2004a
Ralf Schwarz, Die Nackenkammaxt aus Naumburg. In: Der geschmiedete Himmel. Ausstellungskatalog Halle (Stuttgart 2004), 180–181.

Schwarz 2004b
Ralf Schwarz, Äxte aus dem hohen Norden. Zur Geschichte der Bronzeaxt aus Hermannshagen. In: Der geschmiedete Himmel. Ausstellungskatalog Halle (Stuttgart 2004), 178–179.

Seidel 2008
Ute Seidel, Michelsberger Erdwerke im Raum Heilbronn. Materialhefte zur Archäologie in Baden-Württemberg 81/1–2 (Stuttgart 2008).

Sippel 1989
Klaus Sippel, Die frühmittelalterlichen Grabfunde in Nordhessen. Materialien zur Vor- und Frühgeschichte von Hessen 7 (Wiesbaden 1989).

Spehr 2005
Reinhard Spehr, Rituell verbogene Waffen von der Steinsburg. Alt-Thüringen 38, 2005, 67–99.

Spehr 2007
Reinhard Spehr, Zur Niederlegung von Waffen und Werkzeugen im Steinsburg-Oppidum bei Römhild. In: S. Möllers u.a. (Hrsg.), Keltische Einflüsse im nördlichen Mitteleuropa während der mittleren und jüngeren vorrömischen Eisenzeit. Kolloquium Osnabrück 2006. Kolloquien zur Vor- und Frühgeschichte 9 (Bonn 2007), 185–209.

Spennemann 1985
Dirk R. Spennemann, Einige Bemerkungen zur Schäftung von Lappen- und Tüllenbeilen. Germania 63, 1985/1, 129–138.

Sprockhoff 1949–50
Ernst Sprockhoff, Das Lausitzer Tüllenbeil. Prähistorische Zeitschrift 34–35/I, 1949–50, 76–131.

Stary 1982
Peter F. Stary, Zur hallstattzeitlichen Beilbewaffnung des circumalpinen Raumes. Bericht der Römisch-Germanischen Kommission 63, 1982, 17–104.

Steffan/Uenze 2003
Ferdinand Steffan, Hans Peter Uenze, Vor- und Frühgeschichte in Stadt und Landkreis Rosenheim II. Katalog der Archäologischen Staatssammlung München 29 (München 2003).

Steuer 1973
Heiko Steuer, Stichwort »Axt«. In: H. Beck u.a. (Hrsg.), Reallexikon der Germanischen Altertumskunde. Band 1 (Berlin, New York 1973), 549–559.

Strahl 1985
Erwin Strahl, Zum Stand der Forschung über das dicknackige Flint-Rechteckbeil. Die Kunde N.F. 36, 1985, 105–206.

Struve 1955
Karl W. Struve, Die Einzelgrabkultur in Schleswig-Holstein und ihre kontinentalen Beziehungen. Vor- und frühgeschichtliche Untersuchungen aus dem Schleswig-Holsteinischen Landesmuseum für Vor- und Frühgeschichte in Schleswig und dem Institut für Ur- und Frühgeschichte der Universität Kiel N.F. 11 (Neumünster 1955).

Tackenberg 1971
Kurt Tackenberg, Die jüngere Bronzezeit in Nordwestdeutschland. Teil I: Die Bronzen. Veröffentlichungen der urgeschichtlichen Sammlungen des Landesmuseums zu Hannover 19,1 (Hildesheim 1971).

Tackenberg 1974
Kurt Tackenberg, Die jüngere Bronzezeit in Nordwestdeutschland. II: Die Felsgesteingeräte. Veröffentlichungen der urgeschichtlichen Sammlungen des Landesmuseums zu Hannover 19,2 (Hildesheim 1974).

Thålin-Bergman 1983
Lena Thålin-Bergman, Der wikingerzeitliche Werkzeugkasten von Mästermyr auf Gotland. In: H. Jankuhn u.a., Das Handwerk in vor- und frühgeschichtlicher Zeit. Teil II: Archäologische und philologische Beiträge (Göttingen 1983), 193–215.

Tillmann 1986
Andreas Tillmann, Boksee 1 A (Schleswig-Holstein). Ein mesolithischer Fundplatz an der Wende Boreal/Atlantikum. BAR International Series 280 (Oxford 1986).

Trachsel 2004
Martin Trachsel, Untersuchungen zur relativen und absoluten Chronologie der Hallstattzeit. Universitätsforschungen zur Prähistorischen Archäologie 104 (Bonn 2004).

Tromnau 1972
Gernot Tromnau, Ein neues Lyngbybeil aus dem Ahrensburger Tunneltal, Kreis Stormarn. Archäologische Informationen 1, 1972, 47–50.

Tromnau 1975
Gernot Tromnau, Neue Ausgrabungen im Ahrensburger Tunneltal. Offa-Bücher 33 (Neumünster 1975).

Vandkilde 1996
Helle Vandkilde, From Stone to Bronze. The metalwork of the Late Neolithic and Earliest Bronze Age in Denmark (Århus 1996).

Vosgerau 1983/84
Heinz-Günter Vosgerau, Erfahrungen beim Rekonstruktionsversuch von Bohrvorrichtungen. Die Kunde N.F. 34/35, 1983/84, 187–190.

Vulpe 1970
Alexandru Vulpe, Die Äxte und Beile in Rumänien I. Prähistorische Bronzefunde, Abteilung IX, 2 (München 1970).

Wahl/König 1987
Joachim Wahl/Hans Günter König, Anthropologisch-traumatologische Untersuchungen der menschlichen Skelettreste aus dem bandkeramischen Massengrab bei Talheim, Kreis Heilbronn. Fundberichte aus Baden-Württemberg 12, 1987, 65–186.

Walter 2010
Peter Walter, Bohren im Museum. Forschungsgeschichte, Didaktik, Mathetik. Experimentelle Archäologie in Europa 9. Bilanz 2010, 71–84.

Weber 1991
Claus Weber, Eine schnurkeramische Hammeraxt aus Xanten-Wardt. Archäologie im Rheinland 1991, 37–38.

Wegner 1996
Günter Wegner, Zeugnisse für Religion und Kult. In: G. Wegner (Hrsg.), Leben – Glauben – Sterben vor 3000 Jahren. Bronzezeit in Niedersachsen. Ausstellungskatalog Landesmuseum Hannover (Oldenburg 1996), 195–218.

Weiner 1990
Jürgen Weiner, Noch ein Experiment – zur Schäftung altneolithischer Dechselklingen. Experimentelle Archäologie in Deutschland. Archäologische Nachrichten aus Nordwestdeutschland. Beiheft 4 (Oldenburg 1990), 263–272.

Weiner 1996
Jürgen Weiner, Zur Technologie bandkeramischer Dechselklingen aus Felsgestein und Knochen. Archaeologia Austriaca 80, 1996, 115–156.

Weiner 2001
Jürgen Weiner, Beobachtungen zur Biographie eines »durchlochten Rössener Keiles«. Archäologie im Rheinland 2001, 36–37.

Weiner 2003
Jürgen Weiner, So und nicht anders – Schäftungsrekonstruktion einer Flintbeilklinge aus Gerderath. Archäologie im Rheinland 2003, 55–57.

Weller 2003
Ulrike Weller, Steingeräte der Linearbandkeramik im Leinetal zwischen Hannover und Northeim. Eine technologisch-archäologische Analyse. Beiträge zur Archäologie in Niedersachsen 4 (Rahden/Westf. 2003).

Wendowski-Schünemann 2007
Andreas Wendowski-Schünemann, Eine Geweihaxt der Bronzezeit aus dem Hafen von Cuxhaven. Jahrbuch der Männer vom Morgenstern 86, 2007, 9–21.

Werner 2001
Heike Werner, Der Hortfund von Schlöben, Saale-Holzland-Kreis, und seine Stellung innerhalb der frühen Eisenzeit. Alt-Thüringen 34, 2001, 174–216.

Werning 1983
Jeannette A. Werning, Die Geweihartefakte der neolithischen Moorsiedlung Hüde I am Dümmer, Kreis Grafschaft Diepholz. Neue Ausgrabungen und Forschungen in Niedersachsen 16, 1983, 21–187.

Wesse 1990
Anke Wesse, Die Ärmchenbeile der Alten Welt. Universitätsforschungen zur Prähistorischen Archäologie 3 (Bonn 1990).

Wieland 1996
Günter Wieland, Die Spätlatènezeit in Württemberg. Forschungen und Berichte zur Vor- und Frühgeschichte in Baden-Württemberg 63 (Stuttgart 1996).

Willms 1982
Christoph Willms, Die chronologische Fixierung der Flachen Hammeräxte aus südlicher Sicht. Jahrbuch der Schweizerischen Gesellschaft für Ur- und Frühgeschichte 65, 1982, 7–21.

Willroth 1985
Karl-Heinz Willroth, Die Hortfunde der älteren Bronzezeit in Südschweden und auf den dänischen Inseln. Offa-Bücher 55 (Neumünster 1985).

Willroth 2002
Karl-Heinz Willroth, Die nordische Bronzezeit. Bericht der Römisch-Germanischen Kommission 83, 2002, 99–122.

Wischenbarth 2002
Peter Wischenbarth, Lanzettäxte in Süddeutschland und der Neufund von Illertissen, Ldkr. Neu-Ulm. Bayerische Vorgeschichtsblätter 67, 2002, 1–15.

Wyss 1979
René Wyss, Das mittelsteinzeitliche Hirschjägerlager von Schötz 7 im Wauwilermoos (Zürich 1979).

Wyss 1983a
René Wyss, Geräte aus Felsgestein. In: R. Wyss, Die jungsteinzeitlichen Bauerndörfer von Egolzwil 4 im Wauwilermoos. Band 1: Die Funde (Zürich 1983), 131–178.

Wyss 1983b
René Wyss, Geräte aus Holz. In: R. Wyss, Die jungsteinzeitlichen Bauerndörfer von Egolzwil 4 im Wauwilermoos. Band 2: Die Funde (Zürich 1983), 87–160.

Zápatocký 1992
Milan Zápatocký, Streitäxte des mitteleuropäischen Äneolithikums. Quellen und Forschungen zur prähistorischen und provinzialrömischen Archäologie 6 (Weinheim 1992).

Zich 1987
Bernd Zich, Zur Nordwestgrenze der Aunjetitzer Kultur. Prähistorische Zeitschrift 62, 1987, 52–77.

# Register

## Register Äxte

## Register Beile

## Zur Autorin

**Ulrike Weller** (Jahrgang 1964) ist Archäologin. Sie studierte Ur- und Frühgeschichte, Klassische Archäologie und Alte Geschichte an den Universitäten Gießen und Freiburg im Breisgau. Im Jahr 2000 promovierte sie über die Steingeräte der Bandkeramik im Leinetal zwischen Hannover und Northeim. Weitere Untersuchungen zum Neolithikum, aber auch zum frühen Mittelalter folgten. Ein besonderes Interesse liegt im Bereich der Experimentellen Archäologie, für deren Anerkennung als wissenschaftliche Methode sich die Autorin in ihrer Eigenschaft als Vizepräsidentin der Europäischen Vereinigung zur Förderung der Experimentellen Archäologie e.V. (EXAR) stark macht. Dort ist sie auch in der Redaktion der Reihe »Experimentelle Archäologie in Europa« tätig.

Seit 1995 arbeitet Ulrike Weller am Niedersächsischen Landesmuseum Hannover, wo sie die archäologische Sammlung betreut. In der Arbeitsgemeinschaft Archäologiethesaurus ist sie seit der Gründung Mitglied.

## Abbildungsnachweis

**Einleitung:**
Abb. 1: nach Pratsch 1994, Abb. 5
Abb. 2–4: Zeichnung Thomas Lessig-Weller

**Zeichnungen der Typen:**
Sabine Rick, Thomas Lessig-Weller. Die verwendeten Vorlagen sind in den zum jeweiligen Typ gehörigen Literaturnachweisen aufgeführt.

**Fotos:**
Augsburg, Römisches Museum Stadt Augsburg: Axt 4.1.2., Axt 4.2.1., Axt 4.2.1.1. (Fotos: A. Brücklmair, Augsburg).
Dresden, Landesamt für Archäologie Sachsen: Axt 2.1.3. (Foto: U. Wohmann); Axt 2.2.4. (Foto: S. Krabath); Axt 4.1.1., Axt 4.1.3., Axt 4.1.5., Axt 4.2.2. (Fotos: U. Wohmann); Beil 4.2.1. (Foto : J. Liptak); Beil 4.3.2., Beil 4.4.1. (Fotos: U. Wohmann).
Hamburg, Archäologisches Museum Hamburg: Axt 1.1. (Foto: S. Ehlert); Axt 1.2., Axt 2.3.1., Axt 2.5.; Beil 1.1. (Foto: S. Ehlert).
Hannover, Niedersächsisches Landesmuseum Hannover: Axt 2.2.3., Axt 2.2.4., Axt 2.3.2., Axt 2.6.7., Axt 2.7.1., Beil 2.3.3., Beil 2.4.1., Beil 2.4.2.1., Beil 2.4.2.2., Beile 3.2.1. und 3.2.2., Beil 3.4., Beil 3.5., Beil 4.1.2., Beil 4.2.1., Beil 4.2.2. (2x), Beil 4.2.4., Beil 4.3.5., Beil 4.3.7., Beil 4.3.8.1., Beil 4.3.8.2., Beil 4.4.1.1., Beil 4.5.6. (Fotos: U. Bohnhorst).
München, Archäologische Staatssammlung München: Axt 2.2.1. (Foto: S. Friedrich), Axt 3.2.4. (Foto: H. Reichenwallner), Prunkaxt (Foto: S. Friedrich).
Rosenheim, Städtisches Museum Rosenheim: Axt 2.3.3.1. (Foto: R. Lichius).
Straubing, Gäubodenmuseum: Axt 2.3.3., Beil 4.1.3. (Fotos: M. Bernhard).
Zug, Kantonales Museum für Urgeschichte(n) Zug: Axt 2.3.3. und Nachbildung (Foto: R. Eichenberger).